Klaus von Mering

Deine Güte reicht, so weit der Himmel ist

Mit Psalmen beten

Quell Verlag

Meinen Kindern
Sabine, Friedhelm, Ruth, Christine,
Anne und Elke

ISBN 3-7918-1904-6

© Quell Verlag, Stuttgart 1989
Printed in Germany · Alle Rechte vorbehalten
1. Auflage 1989
Umschlaggestaltung: Klaus Dempel, Stuttgart
Satz und Druck: Quell Verlag, Stuttgart

Inhalt

PS.

Vorwort

Gern übernehme ich die Aufgabe dazu beizutragen, das vorliegende Buch von Klaus von Mering auf den Weg zu bringen. Der Autor legt hiermit Anregungen und Beispiele für das Gebetsleben des einzelnen und für die gottesdienstliche Praxis vor; zwanzig Jahre pastoraler Erfahrung geben dieser Arbeit ein solides Fundament.

Eher beiläufig hat Martin Luther bei der Einweihung der Torgauer Schloßkirche am 5. Oktober 1544 beschrieben, was typisch für den evangelischen Gottesdienst ist. Er sagt in seiner Predigt: »Meine lieben Freunde, wir wollen jetzt dies neue Haus einsegnen und weihen unserm Herrn Jesu Christo, welches mir nicht allein gebührt und zusteht, sondern Ihr sollt auch zugleich an den Sprengel und Räuchfaß greifen, auf daß dies neue Haus dahin gerichtet werde, daß nichts anderes darin geschehe, denn daß unser lieber Herr selbst mit uns rede durch sein heiliges Wort und wir wiederum mit ihm reden durch Gebet und Lobgesang« (WA 49, 588). Weihwassersprengel und Räucherfaß benutzt Luther hier symbolisch für Gottes Wort und das Gebet.

Christen gehen also in den Gottesdienst, um Gottes Wort zu hören und im Gebet und Lobgesang Gott anzurufen. Die in diesem Buch vorliegenden Psalmmeditationen und gottesdienstlichen Gebete sind für das einstimmende Hören und für das anrufende Gebet gedacht. Sie sind ebenso einfühlsam wie kraftvoll formuliert, manchmal scharf und auch geradezu provozierend, so wie wir es auf andere Weise aus unserer Lutherbibel kennen. Der Prediger als einer, der dem Wort Gestalt zu geben hat, steht ja vor der verantwortungsvollen Aufgabe, nach Worten zu suchen, die sowohl Gottes Botschaft transportieren als auch den Hörer beim Hören wie auch beim Beten einladen und mitneh-

men. Klaus von Mering zeigt, wie diese Aufgabe durchaus
menschennah in sorgfältiger, dem Alltäglichen nicht zu
weit entfernter Sprache eindrücklich bewältigt werden
kann.

Ich möchte herzlich dazu ermutigen, mit diesem Buch dem
Herrn ein neues Lied zu singen, das – wie es in der Medita-
tion zum 2. Weihnachtstag heißt – »er euch geschenkt hat
durch der Engel Mund«.

Horst Hirschler

1. Sonntag im Advent:
Mit dem Licht in der Hand

Die Erde ist des Herrn und was darinnen ist,
der Erdkreis und die darauf wohnen.
Denn er hat ihn über den Meeren gegründet
und über den Wassern bereitet.
Wer darf auf des Herrn Berg gehen,
und wer darf stehen an seiner heiligen Stätte?
Wer unschuldige Hände hat
und reines Herzens ist,
wer nicht bedacht ist auf Lug und Trug
und nicht falsche Eide schwört:
der wird den Segen vom Herrn empfangen
und Gerechtigkeit von dem Gott seines Heiles.
Das ist das Geschlecht, das nach ihm fragt,
das da sucht dein Antlitz, Gott Jakobs.
Machet die Tore weit und die Türen in der Welt hoch,
daß der König der Ehre einziehe!
Wer ist der König der Ehre?
Es ist der Herr, stark und mächtig,
der Herr, mächtig im Streit.
Machet die Tore weit und die Türen in der Welt hoch,
daß der König der Ehre einziehe!
Wer ist der König der Ehre?
Es ist der Herr Zebaoth; er ist der König der Ehre.

PSALM 24

Machet die Tore weit und die Türen in der Welt hoch,
daß der König der Ehren einziehe!

Die Erde gehört dem Herrn mit all ihrem Reichtum.
Nichts gehört dem Teufel, und uns gehört auch nichts.
Wer hat dann ein Recht, vor Gott zu treten?
Und wer darf hoffen, vor ihm zu bestehen?
Wer bereit ist, die leeren Hände zu öffnen,
und sich nicht mehr zutraut, als er durchhalten kann.
Denn in solche Hände kann Gott Glück legen,
und solche Menschen werden miteinander Frieden finden.
Macht die Tür nicht zu klein für den, der da kommt!
Reißt nieder die Mauern, die ihm im Weg sind!
Wer ist der, der dazu den Mut gibt?
Es ist der Herr, stark durch Ohnmacht,
der Herr, mächtig im Leid!
Macht die Tür nicht zu klein für den, der da kommt!
Es ist der Herr der Welt, den die Krippe erwartet.

Machet die Tore weit und die Türen in der Welt hoch,
daß der König der Ehren einziehe!

GEBET

*Herr, du erlaubst uns, ein Licht anzuzünden in dieser be-
ginnenden Adventszeit. Hilf, daß uns selbst in dieser Zeit
ein Licht aufgeht von deinem Kommen, damit der Krampf
in unserm Herzen sich löst, den die Sorge um die Zukunft
hervorruft. Und hilf zugleich, daß wir für andere zu diesem Licht werden, das die trübe Düsternis ihres Lebens
aufhellt durch das Zeugnis von unserm Herrn Jesus Christus, der mit dir in der Einheit des Heiligen Geistes lebt
und herrscht in Ewigkeit.*

2. Sonntag im Advent:
Nach Gott ausschauen

Gott, tröste uns wieder
und laß leuchten dein Antlitz, so genesen wir.
Herr, Gott Zebaoth, wie lange willst du zürnen,
während dein Volk zu dir betet?
Du speisest sie mit Tränenbrot
und tränkest sie mit einem großen Krug voll Tränen.
Du lässest unsre Nachbarn sich um uns streiten,
und unsre Feinde verspotten uns.
Gott Zebaoth, wende dich doch!
Schaue vom Himmel und sieh darein,
nimm dich dieses Weinstocks an!
Schütze doch, was deine Rechte gepflanzt hat,
den Sohn, den du dir großgezogen hast!
Sie haben ihn mit Feuer verbrannt wie Kehricht;
vor dem Drohen deines Angesichts sollen sie umkommen.
Deine Hand schütze den Mann deiner Rechten,
den Sohn, den du dir großgezogen hast.
So wollen wir nicht von dir weichen.
Laß uns leben, so wollen wir deinen Namen anrufen.
Herr, Gott Zebaoth, tröste uns wieder;
laß leuchten dein Antlitz, so genesen wir.

AUS PSALM 80

PSALM

Gebannt in den Teufelskreis von Bosheit, Leiden
und Verzweiflung,
schauen wir aus nach dem Kommen des Erlösers.

Die Welt, die wir uns bauen wollten, ist zerbrochen.
Trümmer zeichnen die Stätte
unserer gutgemeinten Versuche.
Willst du, daß wir an unsern Mißerfolgen zerbrechen?
Sollen wir verzichten auf Gerechtigkeit und Frieden,
weil beides uns nicht gelingt?
Herr, sieh doch, wie die Menschen guten Willens
ermüden,
wie die Arme deiner Kirche vor Überanstrengung
erlahmen!
Komm uns mit deiner Kraft zu Hilfe,
richte wieder auf, was niedergebrochen ist!
Du allein kannst uns retten;
denn du allein bist der Maßstab, der Gutes als gut
und Wahres als wahr erkennen läßt.

Gebannt in den Teufelskreis von Bosheit, Leiden
und Verzweiflung,
schauen wir aus nach dem Kommen des Erlösers.

GEBET

*Herr, man muß nicht blind sein, um dich nicht zu sehen.
Man braucht nur zu schlafen. Weck uns auf, daß wir mit
wachen Sinnen auf die Zeichen achten, die deine Ankunft
unter uns ankündigen. Für den einen mag sich eine Hoffnung ganz anders erfüllen, als er es erwartete. Der andere
entdeckt vielleicht eine unvermutete Kraft, Schweres zu
ertragen, und ist damit schon auf dem Weg nach Bethlehem, wo du in Ohnmacht und Armut geboren wirst, um
den ganz nahe zu uns zu bringen, der lebt und regiert von
Ewigkeit zu Ewigkeit.*

3. Sonntag im Advent:
Vorbereitet sein

Herr, der du bist vormals gnädig gewesen deinem Lande
und hast erlöst die Gefangenen Jakobs;
der du die Missetat vormals vergeben hast deinem Volk
und alle seine Sünde bedeckt hast;
der du vormals hast all deinen Zorn fahren lassen
und dich abgewandt von der Glut deines Zorns:
hilf uns, Gott, unser Heiland,
und laß ab von deiner Ungnade über uns!
Willst du denn ewiglich über uns zürnen
und deinen Zorn walten lassen für und für?
Willst du uns denn nicht wieder erquicken,
daß dein Volk sich über dich freuen kann?
Herr, erweise uns deine Gnade
und gib uns dein Heil!

AUS PSALM 85

PSALM

Es ruft eine Stimme:
In der Wüste bereitet dem Herrn den Weg,
macht in der Steppe eine ebene Bahn unserm Gott;
denn die Herrlichkeit des Herrn soll offenbart werden.

Wir wissen viel zu erzählen von deinem gnädigen
Handeln, Herr.
Mit der Befreiung Israels aus Ägypten hat es angefangen.
Seitdem ist es wieder und wieder geschehen,
daß du Menschen aus aussichtsloser Lage befreit hast.
Sollen wir heute nicht mehr mit dir rechnen?

Sollen wir meinen, du wärst mit deinen Möglichkeiten
am Ende?
Laß uns erfahren, daß wir immer noch dein Volk sind.
Laß uns gewahr werden, wohin du uns diesmal führst.
Daß wir neuen Mut fassen
und uns wieder freuen können.
Du hast uns die Hoffnung deines Advents gegeben,
die alle Sorgen und Befürchtungen überwindet.
Du lenkst unsern Blick auf die neue Welt,
an der du schon mitten unter uns baust.
Da ist Treue nicht mehr kleinlich und anmaßend,
sondern voll Güte.
Gerechtigkeit wird nicht mehr mit Mauern und Militär
erzwungen, sondern ist gepaart mit Friede.

Es ruft eine Stimme:
In der Wüste bereitet dem Herrn den Weg,
macht in der Steppe eine ebene Bahn unserm Gott;
denn die Herrlichkeit des Herrn soll offenbart werden.

GEBET

*Advent, Herr. Wieder einmal läßt du uns Advent feiern
und hoffst, daß wir dabei auch ein wenig von deinem Advent, von deinem Kommen zu uns, verstehen. Wir haben
Lichter entzündet, heute sind es schon drei. Aber was sind
das für armselige Lichter. Herr, unser Glaube, unser Begreifen ist wie diese Lichter. Ein einziger Luftzug droht sie
auszulöschen. Und sie scheinen so wenig zu helfen in der
Finsternis dieser Welt. Und dennoch: Du hast sie entzündet. Du läßt dich nicht irremachen. So ist das, wenn du etwas mit uns vorhast. Hilf uns mitzuhalten mit deinen großen hoffnungsvollen Schritten, mit denen du zu uns
kommst durch unsern Herrn Jesus Christus.*

4. Sonntag im Advent:
Vorfreude

Ja, der Herr baut Zion wieder
und erscheint in seiner Herrlichkeit.
Er wendet sich zum Gebet der Verlassenen
und verschmäht ihr Gebet nicht.
Das werde geschrieben für die Nachkommen;
und das Volk, das er schafft, wird den Herrn loben.
Denn er schaut von seiner heiligen Höhe,
der Herr sieht vom Himmel auf die Erde,
daß er das Seufzen der Gefangenen höre
und losmache die Kinder des Todes,
daß sie in Zion verkünden den Namen des Herrn
und sein Lob in Jerusalem,
wenn die Völker zusammenkommen
und die Königreiche, dem Herrn zu dienen.

AUS PSALM 102

PSALM

Du, Tochter Zion, freue dich sehr, und du, Tochter
Jerusalem, jauchze!
Siehe, dein König kommt zu dir, ein Gerechter
und ein Helfer.

Wenn unsere Freude so groß wäre wie das Wunder,
daß du kommst – sie würde uns zerreißen.
Und wenn wir ernst damit machten,
daß du einer von uns wirst –
es müßte uns die Sprache verschlagen.
Nein, wir können nur vage die Umrisse dessen erahnen,
was da auf uns zukommt.

Laß dich nicht irre machen von der bescheidenen
Vorfreude,
die wir dir entgegenbringen,
und zieh dich nicht von uns zurück,
weil wir so wenig dazu taugen, dir die Tür zu kränzen.
Es ist doch so viel Leere unter uns,
die von dir ausgefüllt werden möchte,
und so viel Seufzen,
das auf seine Verwandlung in fröhliches Singen wartet.
Darum: Du, die du dem Fest entgegenfieberst,
nimm mich mit,
und du, der du glauben kannst, der Retter ist nahe,
hab ein Herz für meine Zweifel!

Du Tochter Zion, freue dich sehr, und du, Tochter
Jerusalem, jauchze!
Siehe, dein König kommt zu dir, ein Gerechter
und ein Helfer.

GEBET

Weihnachten steht vor der Tür, und wir sind noch so unfertig. So vieles stürmt auf uns ein; es fällt so schwer, Wichtiges vom Unwichtigen zu unterscheiden: Schenk uns die einfache Klarheit deiner Geburt in Bethlehem. Wir hören die Worte von der großen Freude, aber unser Herz bleibt kalt, und unsere Seele ist zerrissen von den Bildern der Not: Wärme uns mit deiner Liebe, die zum Mitleiden befähigt! Allmächtiger, ewiger Gott, du wirst klein, um bei uns zu sein. Mach uns groß genug, um dich zu empfangen. Durch den, der da ist und der da war und der da kommt, unsern Herrn in Ewigkeit.

Heiliger Abend:
Gott ganz unten

Warum toben die Heiden
und murren die Völker so vergeblich?
Die Könige der Erde lehnen sich auf,
und die Herren halten Rat miteinander
wider den Herrn und seinen Gesalbten:
»Lasset uns zerreißen ihre Bande
und von uns werfen ihre Stricke!«
Aber der im Himmel wohnt, lachet ihrer,
und der Herr spottet ihrer.
Einst wird er mit ihnen reden in seinem Zorn,
und mit seinem Grimm wird er sie schrecken:
»Ich aber habe meinen König eingesetzt
auf meinem heiligen Berg Zion.«
Kundtun will ich den Ratschluß des Herrn.
Er hat zu mir gesagt:
»Du bist mein Sohn, heute habe ich dich gezeugt.
Bitte mich, so will ich dir Völker zum Erbe geben
und der Welt Enden zum Eigentum.
Du sollst sie mit einem eisernen Zepter zerschlagen,
wie Töpfe sollst du sie zerschmeißen.«
So seid nun verständig, ihr Könige,
und laßt euch warnen, ihr Richter auf Erden!
Dienet dem Herrn mit Furcht
und küßt seine Füße mit Zittern,
daß er nicht zürne
und ihr umkommt auf dem Wege;
denn sein Zorn wird bald entbrennen.
Wohl allen, die auf ihn trauen!

PSALM 2

PSALM

Das Volk, das im Finstern wandelt, sieht ein großes Licht.
Denn uns ist ein Kind geboren, ein Sohn ist uns gegeben,
und die Herrschaft ruht auf seinen Schultern.

Die Welt ist in Aufruhr, es brennt an allen Ecken.
Das ist die Stunde der Gewalttäter und Diktatoren,
die starken Männer haben Hochkonjunktur.
Wer nach Gerechtigkeit fragt,
wird lächerlich gemacht oder mundtot.
Aber mitten unter ihnen,
den Starken und den Ausgeflippten,
wird einer geboren, der das Schema sprengt.
Den Gewalttäter läßt er leerlaufen,
denn er schlägt nicht zurück.
Und den Resignierten verblüfft er damit,
daß er die Menschen ernst nimmt.
Krippe und Stall werden zu Wendepunkten
der Weltgeschichte,
und Funken der Hoffnung glühen heller
als alle Weltenbrände.

Das Volk, das im Finstern wandelt, sieht ein großes Licht.
Denn uns ist ein Kind geboren, ein Sohn ist uns gegeben,
und die Herrschaft ruht auf seinen Schultern.

GEBET

*Herr, wenn es mir gelänge, heute abend nur einen Halm
von jenem Stroh zu erfassen, das du zu deinem Lager in
dieser Welt gemacht hast – ich würde mich daran klammern. Denn was mich retten kann ist nur die Liebe, die so
weit geht wie du, der du Ohnmacht und Leiden nicht ge-
scheut hast und darum lebst und mit dem Vater im Geist
vereint regierst von Ewigkeit zu Ewigkeit.*

1. Weihnachtstag:
Die Liebe hat Geburtstag

Singet dem Herrn ein neues Lied;
singet dem Herrn, alle Welt!
Singet dem Herrn und lobet seinen Namen,
verkündet von Tag zu Tag sein Heil!
Erzählet unter den Heiden von seiner Herrlichkeit,
unter allen Völkern von seinen Wundern!
Denn der Herr ist groß und hoch zu loben,
mehr zu fürchten als alle Götter.
Denn alle Götter der Völker sind Götzen;
aber der Herr hat den Himmel gemacht.
Hoheit und Pracht sind vor ihm,
Macht und Herrlichkeit in seinem Heiligtum.
Ihr Völker, bringet dar dem Herrn,
bringet dar dem Herrn Ehre und Macht!
Bringet dar dem Herrn die Ehre seines Namens,
bringet Geschenke und kommt in seine Vorhöfe!
Betet an den Herrn in heiligem Schmuck;
es fürchte ihn alle Welt!
Sagt unter den Heiden: Der Herr ist König.
Er hat den Erdkreis gegründet, daß er nicht wankt.
Er richtet die Völker recht.
Der Himmel freue sich, und die Erde sei fröhlich,
das Meer brause und was darinnen ist;
das Feld sei fröhlich und alles, was darauf ist;
es sollen jauchzen alle Bäume im Walde
vor dem Herrn; denn er kommt,
denn er kommt, zu richten das Erdreich.
Er wird den Erdkreis richten mit Gerechtigkeit
und die Völker mit seiner Wahrheit.

PSALM 96

Uns ist ein Kind geboren, ein Sohn ist uns gegeben,
und die Herrschaft ist auf seiner Schulter.
Und er heißt Wunder-Rat, Gott-Held, Ewig-Vater,
Friede-Fürst.

Macht auf! Macht auf eure Herzen!
Öffnet die Tür eurer Seele, die lange verschloßne,
laßt sie von neuem zu euch ein, die große Freude,
die dem Volk in der Finsternis widerfährt.
Überwindet die Angst vor den Bildern der Armut,
vor der Ohnmacht Gottes
in den hungrigen Augen
des Kinds in der Krippe.
Macht auf! Macht auf eure Hände!
Löst die verkrampften Fäuste, die festhalten möchten,
was doch nichts ist in Wahrheit.
Laßt euch neue Maßstäbe geben
von dem Stall und den Hirten
für wichtig und unwichtig,
für aussichtsreich und hoffnungslos,
für lohnend und umsonst.

Denn uns ist ein Kind geboren, ein Sohn ist uns gegeben,
und die Herrschaft ist auf seiner Schulter.
Und er heißt Wunder-Rat, Gott-Held, Ewig-Vater,
Friede-Fürst.

GEBET

*Vater, unser Herr und Gott, du bist in Jesus zu uns in die
dunkle Welt gekommen, um uns das Licht deiner Liebe zu
bringen. Wärme mit deinem Erbarmen unsere kalten Herzen und mach uns zu Vorboten der Hoffnung auf Leben für
alle. Durch unsern Herrn Jesus Christus, deinen Sohn,
der ...*

2. Weihnachtstag:
Gott beim Wort nehmen

Singet dem Herrn ein neues Lied;
singet dem Herrn, alle Welt!
Singet dem Herrn und lobet seinen Namen,
verkündet von Tag zu Tag sein Heil!
Erzählet unter den Heiden von seiner Herrlichkeit,
unter allen Völkern von seinen Wundern!
Denn der Herr ist groß und hoch zu loben,
mehr zu fürchten als alle Götter.
Denn alle Götter der Völker sind Götzen;
aber der Herr hat den Himmel gemacht.
Hoheit und Pracht sind vor ihm,
Macht und Herrlichkeit in seinem Heiligtum.
Ihr Völker, bringet dar dem Herrn,
bringet dar dem Herrn Ehre und Macht!
Bringet dar dem Herrn die Ehre seines Namens,
bringet Geschenke und kommt in seine Vorhöfe!
Betet an den Herrn in heiligem Schmuck;
es fürchte ihn alle Welt!
Sagt unter den Heiden: Der Herr ist König.
Er hat den Erdkreis gegründet, daß er nicht wankt.
Er richtet die Völker recht.
Der Himmel freue sich, und die Erde sei fröhlich,
das Meer brause und was darinnen ist;
das Feld sei fröhlich und alles, was darauf ist;
es sollen jauchzen alle Bäume im Walde
vor dem Herrn; denn er kommt,
denn er kommt, zu richten das Erdreich.
Er wird den Erdkreis richten mit Gerechtigkeit
und die Völker mit seiner Wahrheit.

PSALM 96

Am Anfang war das Wort, und das Wort war bei Gott und
Gott war das Wort. Und das Wort ward Fleisch und wohnte
unter uns.

Singt dem Herrn das neue Lied,
das er euch geschenkt hat durch der Engel Mund!
Singt dem Herrn von seiner Ehre,
der vielfach besudelten, die wiederhergestellt ist
durch das stammelnde Zeugnis der Hirten.
Singt das neue Lied vom Frieden, dem ungesicherten,
der sich ausbreitet durch die Ohnmacht des Wortes.
Singt dem Herrn, alle Welt.
Erzählt von seiner Ankunft,
wo alles seine Abwesenheit lebt
und macht Wunder möglich bei denen,
die darauf zu hoffen vergessen haben.

Am Anfang war das Wort, und das Wort war bei Gott und
Gott war das Wort. Und das Wort ward Fleisch und wohnte
unter uns.

GEBET

*Herr, oben und unten sind für uns die sicheren Symbole
für Macht und Ohnmacht, für Befehlen und Gehorchen,
für Glanz und Elend. Warum hast du diese Sicherheit zerbrochen und das »Unten« zu deinem Ort gemacht? Es war
doch abzusehen, daß die Menschen dich nicht mehr fürchten würden. Oder willst du gar nicht gefürchtet werden?
Soll das heißen: Du mußtest dein unendliches Oben zu unserm Unten machen und Mensch werden, damit wir endlich den Ausgleich finden zwischen Macht und Ohnmacht,
Befehlen und Gehorchen, Glanz und Elend – und so Menschen werden durch unsern Herrn Jesus Christus?*

Sonntag nach Weihnachten:
Das Leben geht weiter

Ich aber will immer harren
und mehren all deinen Ruhm.
Mein Mund soll verkündigen deine Gerechtigkeit,
täglich deine Wohltaten, die ich nicht zählen kann.
Ich gehe einher in der Kraft Gottes des Herrn;
ich preise deine Gerechtigkeit allein.
Gott, du hast mich von Jugend auf gelehrt,
und noch jetzt verkündige ich deine Wunder.
Auch im Alter, Gott, verlaß mich nicht,
und wenn ich grau werde,
bis ich deine Macht verkündige Kindeskindern
und deine Kraft allen, die noch kommen sollen.

Aus Psalm 71

Festhalten will ich und nie wieder loslassen, was Gott getan
hat, mir und aller Welt zum Heil. Seine Barmherzigkeit
reicht tiefer als der tiefste Abgrund der Verzweiflung.

Laß mich immer zur Verfügung stehen, Herr,
wenn es gilt, deinen Ruhm zu mehren.
Mein Mund soll nicht müde werden,
deine Großzügigkeit zu bezeugen.
Dankbarkeit sollen die Menschen
aus meinen Augen lesen, nicht Seufzen,
und meine Zweifel sollen getragen sein
von deinem Erbarmen.
In deiner Kraft kann ich tun,
wozu mir eigentlich der Mut fehlt,
und Hoffnung säen zwischen den Mauern der Angst.
Laß mich Zeuge sein deiner Wunder
und den Kindern weitergeben,
was du mir bedeutest.
Wer singen kann, singe mit mir,
singe das fröhliche Lied der Befreiten.

Festhalten will ich und nie wieder loslassen, was Gott getan
hat, mir und aller Welt zum Heil. Seine Barmherzigkeit
reicht tiefer als der tiefste Abgrund der Verzweiflung.

GEBET

Herr Gott, himmlischer Vater, du hast uns durch die Ge-
burt deines Sohnes zu Söhnen und Töchtern ernannt. Hilf,
daß wir nicht Kinder bleiben für immer, im Glauben und in
der Liebe, sondern geschwisterlich und verantwortungs-
voll dem Ruf Jesu Christi folgen, der mit dir in der Einheit
des Heiligen Geistes lebt und regiert in Ewigkeit.

Silvester:
Von guten Mächten wunderbar geborgen

Ich hebe meine Augen auf zu den Bergen.
Woher kommt mir Hilfe?
Meine Hilfe kommt vom Herrn,
der Himmel und Erde gemacht hat.
Er wird deinen Fuß nicht gleiten lassen,
und der dich behütet, schläft nicht.
Siehe, der Hüter Israels
schläft und schlummert nicht.
Der Herr behütet dich;
der Herr ist dein Schatten über deiner rechten Hand,
daß dich des Tages die Sonne nicht steche
noch der Mond des Nachts.
Der Herr behüte dich vor allem Übel,
er behüte deine Seele.
Der Herr behüte deinen Ausgang und Eingang
von nun an bis in Ewigkeit!

PSALM 121

PSALM

Der Herr hat seinen Engeln befohlen, daß sie dich behüten
auf allen deinen Wegen.

Noch ein paar Stunden, dann ist das Jahr zu Ende.
Nichts wird sich wiederholen, weder Gutes noch Böses.
Wir blicken zurück, wir schauen nach vorn:
Woher nehmen wir die Kraft?
Unsere Hilfe kommt von dem Herrn,
der Himmel und Erde gemacht hat.
Er wird nicht müde, auf deinen Weg zu achten,

und begleitet dich mit seinem Schutz auch da,
wo du meinst, du könntest auf dich selbst aufpassen.
Er hilft dir, daß dich dein Glück nicht erschlägt
und du in deinem Unglück nicht ertrinkst.
Wo du dir eine Tür zugeschlagen hast,
öffnet er dir ein Fenster,
und wo du vor einer Mauer stehst,
wird er für dich zur Leiter.
Darum laß dich nicht fesseln von dem,
was hinter dir liegt,
und laß dich nicht vom Leben abdrängen
durch das, was du dir wünschst.
Unsere Hilfe kommt von dem Herrn,
der Himmel und Erde gemacht hat.

Der Herr hat seinen Engeln befohlen, daß sie dich behüten
auf allen deinen Wegen.

GEBET

Herr Gott, Vater im Himmel, wir bringen dir das Jahr zurück, das du uns geliehen hast. Wir wissen: Es ist nicht mehr so, wie du es in unsere Hand gelegt hast. Viel Unbefangenheit ist verlorengegangen, manch Belastendes ist dazugekommen. An vielen Stellen ist es beschädigt durch unsere Schuld. Aber diese Spuren sind Spuren unserer Erfahrungen, wichtiger wie schon vergessener. Manches wird unsere Erinnerung festhalten, und es wird unsere Zukunft prägen. Vieles ist jetzt schon versunkene Vergangenheit – und prägt uns doch nicht weniger.
So bringen wir dir ein Stück von uns selbst mit diesem Jahr, Herr, und bitten dich: Füge du die Stücke unserer Jahre zu einem Ganzen zusammen.

Neujahr:
Das wirklich Neue

Herr, unser Herrscher, wie herrlich ist dein Name
in allen Landen,
der du zeigst deine Hoheit am Himmel!
Aus dem Munde der jungen Kinder und Säuglinge hast du
eine Macht zugerichtet um deiner Feinde willen,
daß du vertilgest den Feind und den Rachgierigen.
Wenn ich sehe die Himmel, deiner Finger Werk,
den Mond und die Sterne, die du bereitet hast:
was ist der Mensch, daß du seiner gedenkst,
und des Menschen Kind, daß du dich seiner annimmst?
Du hast ihn wenig niedriger gemacht als Gott,
mit Ehre und Herrlichkeit hast du ihn gekrönt.
Du hast ihn zum Herrn gemacht über deiner Hände Werk,
alles hast du unter seine Füße getan:
Schafe und Rinder allzumal,
dazu auch die wilden Tiere,
die Vögel unter dem Himmel und die Fische im Meer
und alles, was die Meere durchzieht.
Herr, unser Herrscher,
wie herrlich ist dein Name in allen Landen!

PSALM 8

PSALM

Weil Gott seinem Christus Macht gegeben hat über alles,
was lebt, darum hoffen wir auf den Tag, da alles zusammenstimmt in dem Bekenntnis: Herr ist Jesus Christus.

Du bist nicht darauf angewiesen,
daß wir dir schöne Augen machen, Gott! Du bist schön,
auch wenn alle in die andere Richtung schielen.

Du brauchst es nicht,
daß die Menschen dir zu Füßen liegen;
du bleibst unser Herr,
auch wenn wir mitleidig auf dich herabblicken.
Du bist nicht in Gefahr,
wenn wir den Weltraum zum Nahverkehrsbereich
erklären.
Ohne deinen Himmel wäre unsere Welt längst die Hölle.
Warum hast du mich so hoch gehoben,
daß ich dir in die Augen blicken kann?
Nicht, damit ich demütig zu Kreuze krieche,
sondern damit ich erkenne,
daß dein Kreuz mir das Leben eröffnet
und ich frei bin,
mit den Werken deiner Schöpfung zu spielen
wie ein Kind im Garten seines Vaters.
Daß ich frei bin, mich zu dir zu bekennen auch dort,
wo man dich noch nicht kennt.

Weil Gott seinem Christus Macht gegeben hat über alles,
was lebt, darum hoffen wir auf den Tag, da alles zusammenstimmt in dem Bekenntnis: Herr ist Jesus Christus.

GEBET

Herr, unser Gott, wir haben dir das alte Jahr zurückgebracht, verbraucht und beschädigt, wie es in unsern Händen geworden ist, und empfangen jetzt aus deiner Hand das neue: Laß uns behutsam damit umgehen, wissend, daß unsere Lebenszeit begrenzt ist, aber laß es uns auch getrost gebrauchen in dem Vertrauen, daß du schon mit ausgebreiteten Armen am Ende stehst und auf uns wartest. Wir bitten dich durch unsern Herrn Jesus Christus.

Sonntag nach Neujahr:
Wo wir hingehören

Ich danke dir von ganzem Herzen,
vor den Göttern will ich dir lobsingen.
Ich will anbeten vor deinem heiligen Tempel
und deinen Namen preisen für deine Güte und Treue;
denn du hast deinen Namen und dein Wort
herrlich gemacht über alles.
Wenn ich dich anrufe, so erhörst du mich
und gibst meiner Seele große Kraft.
Es danken dir, Herr, alle Könige auf Erden,
daß sie hören das Wort deines Mundes;
sie singen von den Wegen des Herrn,
daß die Herrlichkeit des Herrn so groß ist.
Denn der Herr ist hoch und sieht auf den Niedrigen
und kennt den Stolzen von ferne.
Wenn ich mitten in der Angst wandle,
so erquickest du mich
und reckst deine Hand gegen den Zorn meiner Feinde
und hilfst mir mit deiner Rechten.
Der Herr wird meine Sache hinausführen.
Herr, deine Güte ist ewig.
Das Werk deiner Hände wollest du nicht lassen.

Aus PSALM 138

Herr, du hast mich eingehüllt in den Mantel deiner Liebe;
darum kann ich ohne Angst hinausgehen in die Kälte einer
ungesicherten Zukunft.

Was in mir an Hoffnung ist,
ist Abglanz deiner Güte.
Und was sich an Ängsten regt,
wird gehalten von deiner Treue.
Du hast zu mir gestanden,
auch wenn ich dich verleugnete,
und hast deine Zusage wunderbar bestätigt,
wo ich alles in den Strudel meiner Zweifel zog.
Darum lege ich meine kleine Kraft vor den Thron
deiner Gnade,
damit du segnest, was du selbst in mir begonnen.
Nur mit dir kann ich ins Ziel bringen,
was mein Leben trägt.
Laß nicht in der Zugluft der Gleichgültigkeit verkümmern,
was ein Teil von dir ist.

Herr, du hast mich eingehüllt in den Mantel deiner Liebe;
darum kann ich ohne Angst hinausgehen in die Kälte einer
ungesicherten Zukunft.

GEBET

*Himmlischer Vater, du hast in der Geburt deines Sohnes
ein Neues begonnen, das den Wechsel unserer Jahre über-
greift; wir bitten dich: Stärke in uns durch deinen Geist,
was wachsen soll, und laß absterben, was von dir und dem
Nächsten ablenkt, damit wir nur in deiner Liebe leben
durch unsern Herrn Jesus Christus.*

Epiphanias:
Dem Stern folgen

Gott, gib dein Gericht dem König
und deine Gerechtigkeit dem Königssohn,
daß er dein Volk richte mit Gerechtigkeit
und deine Elenden rette.
Laß die Berge Frieden bringen für das Volk
und die Hügel Gerechtigkeit.
Die Könige von Tarsis und auf den Inseln
sollen Geschenke bringen,
die Könige aus Saba und Scheba
sollen Gaben senden.
Alle Könige sollen vor ihm niederfallen
und alle Völker ihm dienen.
Denn er wird den Armen erretten, der um Hilfe schreit,
und den Elenden, der keinen Helfer hat.
Er wird gnädig sein den Geringen und Armen,
und den Armen wird er helfen.
Gelobt sei sein herrlicher Name ewiglich,
und alle Lande sollen seiner Ehre voll werden!

Aus PSALM 72

PSALM

Erschienen ist der Herr aller Herren. Die Großen dieser
Welt haben ihren Meister gefunden.

Die Völker warten auf Gerechtigkeit,
auf ein Recht, das nicht nur auf dem Papier steht,
sondern das Zusammenleben der Menschen bestimmt.
Papieren sind die Erlasse der Mächtigen,
und wie Wind verwehen die Beschlüsse der Konferenzen.

Wenn du nicht eingreifst, Herr,
bleibt die Gerechtigkeit auf der Strecke,
und niemand kümmert sich um den, der um Hilfe schreit.
Du hast ein Zeichen gesetzt in dem Kind, das im Stall lag,
seine Krippe wurde zum Ziel der Großen aus dem
Morgenland.
Soll das heißen, daß er der Garant ist für Frieden?
Sollen von ihm wir erwarten, daß Recht einkehrt
auf dieser Erde?
Staunend erkenn ich: Der Mob, der ihn kreuzigt,
vermag ihn nicht zu zerstören.
Ratlos steht Roms Gouverneur vor der Autorität
dieses Menschen.
Macht wird durch Ohnmacht gestürzt und vertrieben.
Herr dieser Welt wird es heißen, das Kind, das im Stall
man geboren.

Erschienen ist der Herr aller Herren. Die Großen dieser
Welt haben ihren Meister gefunden.

GEBET

*Herr, die Weisen aus dem Morgenland, die zu deiner
Krippe kamen, waren ja nur der Anfang. Seitdem ist das
nicht mehr zum Stillstand gekommen, daß Heiden ein
Auge hatten für deine Wahrheit, wo Fromme blind blieben. Daß das Bekenntnis deines Namens von einem Volk
zum andern läuft. Hilf uns, daß wir aus dieser Bewegung
nicht aussteigen. Hilf uns, ein Auge dafür zu haben, wo
das Ende der Nacht angekündigt wird durch den hellen
Morgenstern, und gib uns Mut, ihm zu folgen, durch unsern Herrn Jesus Christus.*

1. Sonntag nach Epiphanias:
In Gottes Namen

Ich will singen von der Gnade des Herrn ewiglich
und seine Treue verkünden mit meinem Munde
für und für;
denn ich sage: Für ewig steht die Gnade fest;
du gibst deiner Treue sicheren Grund im Himmel.
»Ich habe einen Bund geschlossen mit meinem
Auserwählten,
ich habe David, meinem Knechte, geschworen:
Ich will deinem Geschlecht festen Grund geben auf ewig
und deinen Thron bauen für und für.«
Damals hast du geredet durch ein Gesicht
zu deinem Heiligen und gesagt:
Ich habe einen Helden erweckt, der helfen soll,
ich habe erhöht einen Auserwählten aus dem Volk.
Ich habe gefunden meinen Knecht David,
ich habe ihn gesalbt mit meinem heiligen Öl.
Meine Hand soll ihn erhalten,
und mein Arm soll ihn stärken.
Die Feinde sollen ihn nicht überwältigen
und die Ungerechten ihn nicht demütigen.
Er wird mich nennen: Du bist mein Vater,
mein Gott und Hort, der mir hilft.
Und ich will ihn zum erstgeborenen Sohn machen,
zum Höchsten unter den Königen auf Erden.
Ich will ihm ewiglich bewahren meine Gnade,
und mein Bund soll ihm fest bleiben.
Ich will ihm ewiglich Nachkommen geben
und seinen Thron erhalten, solange der Himmel währt.

AUS PSALM 89

Ich will singen von der Gnade des Herrn ewiglich
und seine Treue verkünden mit meinem Munde
für und für.

Herr, du hast deinen Namen gebunden an ein kleines Volk
und hast es erwählt vor den Großmächten dieser Erde.
Du gabst ihm einen König, den du *deinen Sohn* nanntest,
und aus seinem Geschlecht sollte kommen der Messias
der Völker.
Er sollte mit dir sprechen können,
wie einer mit seinem Vater redet,
und ungeteilt sollte sein Herz sein
im Tun deines Willens.
Höher als alle Königreiche der Welt
wolltest du sein Reich stellen,
und obwohl es nicht von dieser Welt ist,
soll es mitten unter uns beginnen.

Ich will singen von der Gnade des Herrn ewiglich
und seine Treue verkünden mit meinem Munde
für und für.

GEBET

*Ich bin getauft auf deinen Namen, Gott Vater, Sohn und
Heilger Geist. Lehre mich in der Schar deiner Söhne und
Töchter kindlichen Gehorsam und kindliches Vertrauen,
himmlischer Vater! Hilf mir, in der Schar deiner Jünger
dir nachfolgen, Herr Jesus Christus! Laß mich in der Gemeinschaft deiner Kirche Gerechtigkeit suchen und Liebe
schenken, Gott Heiliger Geist! Im Namen Jesu . . .*

2. Sonntag nach Epiphanias:
Grund zur Freude

Danket dem Herrn und rufet an seinen Namen;
verkündigt sein Tun unter den Völkern!
Singet und spielet ihm,
redet von allen seinen Wundern!
Rühmet seinen heiligen Namen;
es freue sich das Herz derer, die den Herrn suchen!
Fraget nach dem Herrn und nach seiner Macht,
suchet sein Antlitz allezeit!
Gedenket seiner Wunderwerke, die er getan hat,
seiner Zeichen und der Urteile seines Mundes,
du Geschlecht Abrahams, seines Knechts,
ihr Söhne Jakobs, seine Auserwählten!
Er ist der Herr, unser Gott,
er richtet in aller Welt.
Er gedenkt ewiglich an seinen Bund,
an das Wort, das er verheißen hat für tausend Geschlechter.

AUS PSALM 105

PSALM

Rühmt den Herrn, alle Länder der Erde!
Bezeugt seine Herrlichkeit voll Staunen!

Wer kann verstehen, was du geschaffen hast?
Die Erde mit all ihrem Reichtum an Tieren und Pflanzen.
Die Sonnensysteme und Milchstraßen im weiten All.
Und dein schönstes und größtes Geschöpf – der Mensch.
Wer kann die Freiheit begreifen, die du ihm gabst?
Und die Liebe, die du ihm Tag für Tag schenkst?
Wer dich erkannt hat, freut sich über dich.
Weil du da bist, lohnt sich das Leben.
Ich will mich freuen, daß du mir zuhörst.
Ich will für dich eintreten, weil du mich erlöst.

Rühmt den Herrn, alle Länder der Erde!
Bezeugt seine Herrlichkeit voll Staunen!

GEBET

Vater, wir dürfen »du« und »Vater« zu dir sagen, obwohl du größer bist als alles, zu dem wir sprach- und hilflos aufschauen. Du, Vater, nimm dir zu Herzen, was uns quält. Du weißt einen Ausweg, wo wir nur Ausflüchte haben. Gib uns Frieden, nicht den faulen und nicht den gewalttätigen, sondern deinen Frieden, der aus heilen Verhältnissen erwächst. Mach uns heil und hilf uns heilen durch unsern Herrn Jesus Christus, der mit dir ...

3. Sonntag nach Epiphanias:
Grenzenlos

Herr, neige deine Ohren und erhöre mich;
denn ich bin elend und arm.
Bewahre meine Seele, denn ich bin dein.
Hilf du, mein Gott, deinem Knechte,
der sich verläßt auf dich.
Herr, sei mir gnädig;
denn ich rufe täglich zu dir.
Erfreue die Seele deines Knechts;
denn nach dir, Herr, verlangt mich.
Denn du, Herr, bist gut und gnädig,
von großer Güte allen, die dich anrufen.
Vernimm, Herr, mein Gebet
und merke auf die Stimme meines Flehens!
In der Not rufe ich dich an;
du wollest mich erhören!
Herr, es ist dir keiner gleich unter den Göttern,
und niemand kann tun, was du tust.
Alle Völker, die du gemacht hast, werden kommen
und vor dir anbeten, Herr, und deinen Namen ehren,
daß du so groß bist und Wunder tust
und du allein Gott bist.
Weise mir, Herr, deinen Weg,
daß ich wandle in deiner Wahrheit;
erhalte mein Herz bei dem einen,
daß ich deinen Namen fürchte.
Tu ein Zeichen an mir,
daß du's gut mit mir meinst,
daß es sehen, die mich hassen, und sich schämen,
weil du mir beistehst, Herr, und mich tröstest.

AUS PSALM 86

PSALM

Lobet den Herrn, alle Heiden! Preiset ihn, alle Völker!
Manchmal überfällt mich der Gedanke,
ich wäre viel zu unbedeutend für den Gott,
dem die Welt zu Füßen liegt,
und meine Gebete erstürben
unter dem brausenden Beifall der Massen.
Manchmal erdrückt mich fast die Last,
daß es so wenige sind,
die seinen Namen in Ehren halten.
Und über einen wie mich
schüttelt die Menge nicht einmal mehr den Kopf.
Lobet den Herrn, alle Heiden! Preiset ihn, alle Völker!
Herr, deine Güte ist mehr
als die geschmeichelte Freundlichkeit eines Stars.
Du läßt dich nicht blenden vom organisierten Jubel
und gewahrst die Tränen des einen,
mitten in der Menge der Claqueure.
Du erbarmst dich des einsamen Rufers
und nimmst dir seine Ängste zu Herzen.
Aber du vergißt auch derer nicht,
die dich vergessen haben,
und säumst ihren Weg mit Signalen deiner Treue.
Lobet den Herrn, alle Heiden! Preiset ihn, alle Völker!

GEBET

Allmächtiger Gott, barmherziger Vater, du hast durch deinen Sohn Fremde zu Freunden und Außenseiterinnen zu Schwestern gemacht; gib uns offene Augen für die unentdeckte Not der Bedrängten und die quälende Einsamkeit dessen, hinter dem kein mächtiger Verein steht. Laß uns, deine Gemeinde, der Ort sein, an dem es Gemeinschaft und Toleranz gibt. Um Jesu Christi willen . . .

4. Sonntag nach Epiphanias:
Sturmerprobt

Danket dem Herrn; denn er ist freundlich,
und seine Güte währet ewiglich.
So sollen sagen, die erlöst sind durch den Herrn,
die er aus der Not erlöst hat.
Die mit Schiffen auf dem Meer fuhren
und trieben ihren Handel auf großen Wassern,
die des Herrn Werke erfahren haben
und seine Wunder auf dem Meer,
wenn er sprach und einen Sturmwind erregte,
der die Wellen erhob,
und sie gen Himmel fuhren und in den Abgrund sanken,
daß ihre Seele vor Angst verzagte,
daß sie taumelten und wankten wie ein Trunkener
und wußten keinen Rat mehr,
die dann zum Herrn schrien in ihrer Not,
und er führte sie aus ihren Ängsten
und stillte das Ungewitter, daß die Wellen sich legten
und sie froh wurden, daß es still geworden war
und er sie zum erwünschten Lande brachte:
die sollen dem Herrn danken für seine Güte
und für seine Wunder,
die er an den Menschenkindern tut,
und ihn in der Gemeinde preisen
und bei den Alten rühmen.

Aus Psalm 107

PSALM

Danket dem Herrn, denn er ist freundlich,
und seine Güte währet ewiglich.

Ich danke dir, Herr, für die Fantasie,
die mich über die Schwelle der Gedankenlosigkeit lockt.
Ich kann auf einmal denken, was ich so leicht vergesse:
Wie, wenn ich das alles nicht hätte!?
Brot zum Sattessen und Wasser, das man trinken kann;
ein Dach über dem Kopf, wenn es regnet,
und Wärme, wenn es friert.
Menschen, denen ich wichtig bin, und Hoffnung,
daß morgen leichter wird, was heute drückt.
Wie, wenn ich das alles nicht hätte!?
Ich danke dir, Herr, für die Fantasie, die mir Lust macht,
wichtig und unwichtig auseinanderzuflechten.
Vieles, was ich habe, brauche ich nicht,
vieles, was ich habe, könnte ich besser nutzen,
wenn ich es mit anderen teilte.
Wie, wenn ich heute damit begänne!?
Ich danke dir für die Fantasie,
die in mir schlummernde Kräfte weckt:
die Kraft zu hoffen, daß nicht alles so bleiben muß,
und den Gedanken an Notleidende auszuhalten.
Ich danke dir, Herr, für die Fantasie,
die mein Herz unruhig macht,
bis es Ruhe findet in dir.

Danket dem Herrn, denn er ist freundlich,
und seine Güte währet ewiglich.

GEBET

*Herr, unser Gott, du weißt, daß wir gefährdete Menschen
sind und aus eigener Kraft nicht durchhalten können:
Stille du die Stürme in uns und um uns, damit wir tun kön-
nen, was uns und andern Zukunft eröffnet. Durch unsern
Herrn Jesus Christus, deinen Sohn, der in der Einheit des
Heiligen Geistes mit dir lebt und herrscht in Ewigkeit.*

5. Sonntag nach Epiphanias:
Nichts erzwingen

Entrüste dich nicht über die Bösen,
sei nicht neidisch auf die Übeltäter.
Denn wie das Gras werden sie bald verdorren,
und wie das grüne Kraut werden sie verwelken.
Hoffe auf den Herrn und tu Gutes,
bleibe im Lande und nähre dich redlich.
Habe deine Lust am Herrn;
der wird dir geben, was dein Herz wünscht.
Befiehl dem Herrn deine Wege
und hoffe auf ihn, er wird's wohl machen
und wird deine Gerechtigkeit heraufführen wie das Licht
und dein Recht wie den Mittag.
Sei stille dem Herrn und warte auf ihn.

AUS PSALM 37

PSALM

Auf dich zu warten, Herr, mehr vermag ich nicht. Aber was sollte ein Mensch Besseres tun, als auf dich zu warten?

Hörst du mich eigentlich, Gott, wenn ich rufe,
sind dir auch wichtig meine wirren Gedanken?
Bin ich dir mehr wert als jene,
die da so sicher behaupten, es gäbe dich nicht?
Was ich erfahre, ist wenig genug:
Gerechte gefoltert und die mit dem harten Herzen
lassen sich's wohl sein.
Manchmal freilich, da tröstet dein Wort,
wo Angst die Vernunft längst erschlagen.
Da stellen sich Mut und Gelassenheit ein,
wo einer wagt, von dir zu reden.
Dann scheint es mir besser, dir zu vertrauen,
als dem eilfertigen Geschwätz derer,
die dich verloren geben, ehe sie begannen,
dich zu suchen.

Auf dich zu warten, Herr, mehr vermag ich nicht. Aber was sollte ein Mensch Besseres tun, als auf dich zu warten?

GEBET

Lieber Vater, nimm uns die kindliche Angst, die deine Freiheit nicht ernst nimmt, aber auch den kindischen Trotz, der die Freiheit als Willkür mißbraucht. Laß uns deine Langmut ernster nehmen als das aufgeregte Toben der Mächte, die du, wenn du willst, zum Schweigen bringst durch unsern Herrn Jesus Christus.

Letzter Sonntag nach Epiphanias:
Dem Licht nachgehen

Der Herr ist König; des freue sich das Erdreich
und seien fröhlich die Inseln, soviel ihrer sind.
Wolken und Dunkel sind um ihn her,
Gerechtigkeit und Gericht sind seines Thrones Stütze.
Feuer geht vor ihm her
und verzehrt ringsum seine Feinde.
Seine Blitze erleuchten den Erdkreis,
das Erdreich sieht es und erschrickt.
Berge zerschmelzen wie Wachs vor dem Herrn,
vor dem Herrscher der ganzen Erde.
Die Himmel verkündigen seine Gerechtigkeit,
und seine Herrlichkeit sehen alle Völker.
Schämen sollen sich alle, die den Bildern dienen
und sich der Götzen rühmen.
Betet ihn an, alle Götter!
Zion hört es und ist froh,
und die Töchter Juda sind fröhlich, weil du, Herr,
recht regierest.
Denn du, Herr, bist der Höchste über allen Landen,
du bist hoch erhöht über alle Götter.
Die ihr den Herrn liebet, hasset das Arge!
Der Herr bewahrt die Seelen seiner Heiligen;
aus der Hand der Gottlosen wird er sie erretten.
Dem Gerechten muß das Licht immer wieder aufgehen
und Freude den frommen Herzen.
Ihr Gerechten, freut euch des Herrn
und danket ihm und preiset seinen heiligen Namen!

PSALM 97

PSALM

Machet die Tore weit und die Türen in der Welt hoch,
daß der König der Ehren einziehe!

Anders bist du gekommen, Gott,
als dein Volk dich erwartete,
und bis heute trittst du verborgen in unsere Mitte.
Aber die Dankbarkeit der Hirten hat uns die Augen
geöffnet,
und die Chöre der Engel haben uns aufmerken lassen.
Du bist der Herr der Welt – niemand sonst,
und *dein* Wort – verachtet und unterdrückt –
bestimmt den Lauf der Geschichte.
Wie ein Blitz leuchtet es manchmal auf im Bekenntnis
eines Zeugen,
und wie Wachs vor dem Feuer schmelzen auf einmal
meine Zweifel dahin.
Dem Dunkel unserer Alpträume dämmert der Morgen,
und in der Finsternis unserer Lieblosigkeiten
geht unversehens ein Licht auf.
Wir sehen klarer, welcher Weg uns weiterbringt,
und die Gewißheit, ans Ziel zu kommen,
ist uns nicht mehr zu nehmen.

Machet die Tore weit und die Türen in der Welt hoch,
daß der König der Ehren einziehe!

GEBET

*Herr Jesus Christus, mach unsere Herzen hell durch den
Widerschein deiner Liebe. Laß uns in diesem Licht erkennen, wer du für uns bist und Kräfte sammeln gegen die dü-
steren Erfahrungen von Bosheit und Vergeblichkeit; der
du in der Einheit des Heiligen Geistes teilhast am Licht-
glanz deines Vaters von Ewigkeit zu Ewigkeit.*

Septuagesimae:
Wir werden gebraucht

Wie groß ist deine Güte, Herr,
die du bewahrt hast denen, die dich fürchten, und erweisest
vor den Leuten
denen, die auf dich trauen!
Du birgst sie in deinem Schutz vor den Rotten der Leute,
du deckst sie in der Hütte vor den zänkischen Zungen.
Gelobt sei der Herr; denn er hat seine wunderbare Güte
mir erwiesen in einer festen Stadt.
Ich sprach wohl in meinem Zagen:
Ich bin von deinen Augen verstoßen.
Doch du hörtest die Stimme meines Flehens,
als ich zu dir schrie.
Liebet den Herrn, alle seine Heiligen!
Die Gläubigen behütet der Herr und vergilt reichlich dem,
der Hochmut übt.
Seid getrost und unverzagt
alle, die ihr des Herrn harret!

AUS PSALM 31

Gelobet seist du, Vater der Waisen und Mutter aller, die nichts zu sagen haben. Deine Sonne scheint auch auf unsern Schattenseiten.

Ich lebe – ist das nicht ein Wunder?
Ich bin noch da – ist das nicht ein Grund zum Freuen?
Wer wollte sich rühmen: Das ist mein Verdienst?
Und wer wollte sagen: Ich bin an allem schuld?
Der Tüchtige erkenne, wieviel ihm geschenkt ist,
und der Versager begreife die Größe der Barmherzigkeit.
Dein Haus, Gott, ist eine Schutzhütte,
wenn die Leute sich das Maul zerreißen.
Und deine bergende Wärme
bringt das Eis meines Hochmuts zum Schmelzen.
Niemand soll sich in die Verzweiflung abdrängen lassen,
wenn ihm eine Hoffnung zerbricht.
Und wer meint, jeder sei sich selbst der Nächste,
begegnet mitten in seinem Alltag dem Bruder Christus.

Gelobet seist du, Vater der Waisen und Mutter aller, die nichts zu sagen haben. Deine Sonne scheint auch auf unsern Schattenseiten.

GEBET

Guter Gott, wir müssen nicht brauchbar sein, damit du uns brauchen kannst. Und um bei dir anzufangen, ist es nie zu spät. Laß uns erkennen, wann es zu kämpfen gilt und wann den schon errungenen Sieg zu feiern, damit etwas von deiner Einladung zum Leben durch uns weitergegeben wird an die, die davon noch nicht erreicht wurden. Durch unsern Herrn Jesus Christus, deinen Sohn, der mit dir in der Einheit des Heiligen Geistes lebt und regiert von Ewigkeit zu Ewigkeit.

Sexagesimae:
Die Kraft des Wortes

Herr, dein Wort bleibt ewiglich,
so weit der Himmel reicht;
deine Wahrheit währet für und für.
Du hast die Erde fest gegründet, und sie bleibt stehen.
Sie steht noch heute nach deinen Ordnungen;
denn es muß dir alles dienen.
Dein Wort ist meines Fußes Leuchte
und ein Licht auf meinem Wege.
Erhalte mich durch dein Wort, daß ich lebe,
und laß mich nicht zuschanden werden in meiner
Hoffnung.

AUS PSALM 119

PSALM

Öffne unsere Augen, Gott, für das Wunder deines Wortes
und gib uns damit ein Ziel für das sehnsüchtige Suchen unserer Fragen.

Am Anfang war das Wort, das die Welt ins Leben rief,
in den verläßlichen Ordnungen des Kosmos
begegnet uns deine Treue.
Jahrmillionen – zu benennen, aber unvorstellbar –
stehen für die Unumstößlichkeit deiner Wahrheit.
Alles, was lebt, ist Echo auf deinen Ruf: Es werde!
Auch das winzige Insekt ist Ausdruck deines Wortes.
Daß ich es wagen kann, einen Fuß vor den andern
zu setzen, verdanke ich deinem Zuspruch.
Und daß ich mich nicht verirre im Dickicht
meiner Irrtümer,

verhindert allein deine unermüdliche Einladung.
Nur weil du mit mir redest, bin ich noch da;
und nur weil du mich gedacht hast, gibt es mich überhaupt.

Öffne unsere Augen, Gott, für das Wunder deines Wortes und gib uns damit ein Ziel für das sehnsüchtige Suchen unserer Fragen.

GEBET

Vater, du weißt: Auf uns ist kein Verlaß. Und – ehrlich gesagt – wir wissen es auch. Und doch hast du dein rettendes und richtendes Wort in unsere Hände gelegt. Laß uns begreifen, daß es nicht unsere Kraft ist, die deinem Wort in unserm Mund Kraft gibt. Aber bewahre uns auch davor, leichtfertig mit deinem kostbaren Geschenk umzugehen und es nur in scheinbarer Ehrfurcht weiterzureichen. Das bitten wir dich im Namen unseres Herrn Jesus Christus, der mit dir und dem Heiligen Geist lebt und regiert von Ewigkeit zu Ewigkeit.

Estomihi:
Loslassen lernen

Herr, auf dich traue ich, laß mich nimmermehr
zuschanden werden,
errette mich durch deine Gerechtigkeit!
Neige deine Ohren zu mir, hilf mir eilends!
Sei mir ein starker Fels und eine Burg, daß du mir helfest!
Denn du bist mein Fels und meine Burg,
und um deines Namens willen wollest du mich leiten
und führen.
Du wollest mich aus dem Netze ziehen,
das sie mir heimlich stellten;
denn du bist meine Stärke.
In deine Hände befehle ich meinen Geist;
du hast mich erlöst, Herr, du treuer Gott.

AUS PSALM 31

PSALM

Sei mir ein starker Hort, Gott, wohin ich immer fliehen kann; du hast mir zugesagt, mir zu helfen.

Es gibt etwas, worauf ich mich verlassen kann.
Das ist deine Anteilnahme, Herr.
Weder mein Glück noch mein Unglück sind verläßlich,
weder meine Fröhlichkeit noch meine Schwermut,
weder meine Leistung noch mein Versagen,
weder Sonne noch Finsternis.
Aber daß du in meiner Nähe bist,
darauf ist Verlaß.
Bring dich in Erinnerung, wenn ich dich vergessen habe,
mach dich bemerkbar, wenn alles zu zerbrechen scheint.
Daß ich neue Hoffnung schöpfe,
daß ich nicht vor einem sinnlosen Auf und Ab resigniere.
Daß ich mein Leid im Schatten deiner Passion erkenne
und meine Freude im Licht deiner Auferstehung.

Sei mir ein starker Hort, Gott, wohin ich immer fliehen kann; du hast mir zugesagt, mir zu helfen.

GEBET

Vater im Himmel, vor dir werden wir daran erinnert, daß wir nicht allein auf der Welt sind. Vor dir fallen uns nicht nur die Reichen ein, die wir beneiden, sondern auch die Armen, die wir vergessen. Vor dir wird uns klar, daß Wohlstand nicht reich, sondern arm macht, arm an Fantasie, arm an Mitgefühl, arm an Lebenserfüllung. Lehre uns darum die neue Art des Fastens, die auf Wohlverdientes verzichten kann, um nicht zu verarmen. Wir bitten dich durch unsern Herrn Jesus Christus ...

1. Sonntag in der Fastenzeit Invocavit:
Nein sagen können

Wer unter dem Schirm des Höchsten sitzt
und unter dem Schatten des Allmächtigen bleibt,
der spricht zu dem Herrn:
Meine Zuversicht und meine Burg,
mein Gott, auf den ich hoffe.
Denn er errettet dich vom Strick des Jägers
und von der verderblichen Pest.
Er wird dich mit seinen Fittichen decken,
und Zuflucht wirst du haben unter seinen Flügeln.
Seine Wahrheit ist Schirm und Schild.
Denn er hat seinen Engeln befohlen,
daß sie dich behüten auf allen deinen Wegen,
daß sie dich auf den Händen tragen
und du deinen Fuß nicht an einen Stein stoßest.

AUS PSALM 91

Gott spricht: Er ruft nach mir; darum will ich ihn erhören;
ich bin bei ihm in der Not; ich will ihn herausreißen und zu
Ehren bringen.

Die Zusagen Gottes geben mir Geborgenheit,
wie sie die Küken unter den Flügeln der Henne finden.
In seinem Wort finde ich Zuflucht vor der Unzuverlässig-
keit menschlicher Parolen.
Gefährdungen umschleichen mich von allen Seiten,
und oft genug scheine ich ihnen hoffnungslos ausgeliefert.
Aber dann erfahre ich, daß ich wohl den Rand meines
Kleinglaubens überschritten habe,
aber noch lange nicht das Fundament deiner Wahrheit.
Er hat seine Boten angewiesen,
keinen von uns aus den Augen zu lassen;
und die Wege zwischen uns sollen so eben werden,
daß niemand mehr stolpern muß.

Gott spricht: Er ruft nach mir; darum will ich ihn erhören;
ich bin bei ihm in der Not; ich will ihn herausreißen und zu
Ehren bringen.

GEBET

*Herr Gott, himmlischer Vater, du hast deinen Sohn zu uns
in die Welt geschickt, damit er die Macht der Versuchung
entlarve und breche. Gib uns von seinem Geist, damit auch
wir Kraft und Mut aufbringen, Widerstand zu leisten gegen die verführerischen Angebote des Bösen in uns und
um uns. Wir möchten so gerne frei sein für das Gute. Hilf
uns, nein zu sagen zu dem, was uns nur für den Augenblick
gut tut. Durch ihn, unsern Herrn Jesus Christus, deinen
Sohn, der mit dir in der Einheit des Heiligen Geistes lebt in
göttlicher Freiheit von Ewigkeit zu Ewigkeit.*

2. Sonntag in der Fastenzeit Reminiscere:
Der längere Atem

Der Gottlose meint in seinem Stolz,
Gott frage nicht danach.
»Es ist kein Gott« sind alle seine Gedanken.
Er spricht in seinem Herzen: »Gott hat's vergessen,
er hat sein Antlitz verborgen, er wird's nimmermehr
sehen.«
Steh auf, Herr! Gott, erhebe deine Hand!
Vergiß die Elenden nicht!
Warum soll der Gottlose Gott lästern
und in seinem Herzen sprechen: »Du fragst doch nicht
danach?«
Du siehst es doch, denn du schaust das Elend
und den Jammer;
es steht in deinen Händen.
Die Armen befehlen es dir;
du bist der Waisen Helfer.
Das Verlangen der Elenden hörst du, Herr;
du machst ihr Herz gewiß, dein Ohr merkt darauf,
daß du Recht schaffest den Waisen und Armen,
daß der Mensch nicht mehr trotze auf Erden.

AUS PSALM 10

Denk doch an deine Barmherzigkeit, Herr, und an deine
Nachsicht, die du erwiesen hast, solange es Menschen gibt.

Nach dir, Herr, strecke ich mich aus,
allein das Warten auf dich trägt mein Leben.
Laß mich in meinem Vertrauen nicht zum Gespött werden,
daß die Neunmalklugen sagen können:
Das hat er nun davon!
Niemand geht verloren, der sich auf dich verläßt.
Auch wenn ich ins Unendliche falle, falle ich in deine Hand.
Laß dich an deine Zusage erinnern, zu verzeihen
und die schon verhängte Strafe nicht zu vollziehen.
Schau nicht auf meine leeren Hände,
auch nicht auf die lange Liste derer, denen ich etwas
schuldig geblieben bin.
Schau allein auf dein Versprechen, zu erretten,
und die Bereitschaft, neu zu beginnen,
die ohne Grenzen ist.

Denk doch an deine Barmherzigkeit, Herr, und an deine
Nachsicht, die du erwiesen hast, solange es Menschen gibt.

GEBET

*Herr, wir haben die Dinge nicht in der Hand, weil wir uns
nicht in der Hand haben. Darum sind wir so machtlos gegen das Böse in uns und um uns. Wir bitten dich: Breite
deine Hände aus, über uns und unter uns, daß wir darun-
ter Schutz finden, wohin wir auch gehen, und daß wir, wie
tief wir auch fallen, von dir aufgefangen werden. Durch
unsern Herrn Jesus Christus . . .*

3. Sonntag in der Fastenzeit Oculi:
Mit offenen Augen

Die Augen des Herrn merken auf die Gerechten
und seine Ohren auf ihr Schreien.
Das Angesicht des Herrn steht wider alle, die Böses tun,
daß er ihren Namen ausrotte von der Erde.
Wenn die Gerechten schreien, so hört der Herr
und errettet sie aus all ihrer Not.
Der Herr ist nahe denen, die zerbrochenen Herzens sind,
und hilft denen, die ein zerschlagenes Gemüt haben.
Der Gerechte muß viel erleiden,
aber aus alledem hilft ihm der Herr.
Er bewahrt ihm alle seine Gebeine,
daß nicht eines zerbrochen wird.
Den Gottlosen wird das Unglück töten,
und die den Gerechten hassen, fallen in Schuld.
Der Herr erlöst das Leben seiner Knechte,
und alle, die auf ihn trauen, werden frei von Schuld.

AUS PSALM 34

PSALM

Meine Augen sind auf dich gerichtet, Herr;
Blickkontakt sucht meine Seele,
um deiner Liebe gewiß zu werden.

Die Augen des Herrn merken auf die Gerechten,
bekennt der Beter des Alten Bundes.
Kennt er meine Erfahrung nicht,
daß der Himmel meiner Gebete leer ist?
Weiß er nichts von vergeblichen Versuchen,
zerbrochene Gemeinschaft zu heilen

und verbitterte Herzen zu trösten?
Liebe beginnt mit dem Sehen,
aber sie erschöpft sich nicht darin,
nicht mitansehen zu können.
Liebe lebt nicht aus der Angst,
das Bild der Not nicht zu ertragen;
Liebe lebt von der Hoffnung,
daß es da mehr zu entdecken gibt,
als der erste Augenschein hergibt.
Die Augen des Herrn merken auf die Gerechten!
Diese Augen sehen mehr als die Gerechtigkeit,
die wir zustande bringen;
denn sie nehmen nicht nur wahr, was ist,
sondern sie machen wahr, was werden soll.

Meine Augen sind auf dich gerichtet, Herr;
Blickkontakt sucht meine Seele,
um deiner Liebe gewiß zu werden.

GEBET

Herr Jesus Christus, du bist den Weg der Passion, den Weg des Leidens, gegangen und rufst uns auf, dir zu folgen. Überwinde in uns die Angst, die im Verzichten nur die Minderung des Glücks sieht und nicht die Freiheit aus den Fesseln unserer Bequemlichkeit. Schenke uns die Erfahrung eines erfüllten Lebens in deiner Nachfolge. Du lebst ja kraft deines Leidens in der Einheit des Geistes mit dem Vater von Ewigkeit zu Ewigkeit.

4. Sonntag in der Fastenzeit Laetare:
Fruchtbares Leiden

Mein Leib und Seele freuen sich
in dem lebendigen Gott.
Wohl den Menschen, die dich für ihre Stärke halten
und von Herzen dir nachwandeln!
Herr, Gott Zebaoth, höre mein Gebet;
vernimm es, Gott Jakobs!
Gott, unser Schild, schaue doch;
sieh doch an das Antlitz deines Gesalbten!
Herr Zebaoth, wohl dem Menschen,
der sich auf dich verläßt!

AUS PSALM 84

Psalm

Ich will mich freuen, Herr.
Alles soll durchdrungen sein von dieser Freude.
Nicht, weil ich so vergnügt bin.
Nicht, daß ich gerade besonders Glück gehabt hätte.
Wenn ich darüber nachdenke,
ist sogar vieles da,
was mir die Freude verbietet.
Aber ich will mich freuen – trotzdem!
Ich will mich ausstrecken nach deiner Freude,
die alles Verstehen übersteigt.
Ich will, was unten ist, unten lassen,
mich ausstrecken nach deinem Anruf,
der von oben kommt, hoch über mir,
hoch oben vom Kreuz:
Laetare – freu dich!

Gebet

Allmächtiger Vater, wir haben verlernt, uns über deine Vergebung zu freuen, weil wir verlernt haben, über unsere Schuld zu erschrecken. Und doch brauchten wir keine fünf Minuten, um uns klarzumachen, was wir an einem einzigen Tag alles schuldig geblieben sind, dir und den andern. Schenk uns dazu den Mut, die Ehrlichkeit und das Vertrauen auf deinen Freispruch durch unsern Herrn Jesus Christus, der mit dir und dem Heiligen Geist lebt und regiert von Ewigkeit zu Ewigkeit.

5. Sonntag in der Fastenzeit Judica:
Anwalt des Lebendigen

Gott, schaffe mir Recht und führe meine Sache
wider das unheilige Volk
und errette mich von den falschen und bösen Leuten!
Denn du bist der Gott meiner Stärke:
Warum hast du mich verstoßen?
Warum muß ich so traurig gehen,
wenn mein Feind mich dränget?
Sende dein Licht und deine Wahrheit, daß sie mich leiten
und bringen zu deinem heiligen Berg
und zu deiner Wohnung,
daß ich hineingehe zum Altar Gottes, zu dem Gott,
der meine Freude und Wonne ist,
und dir, Gott, auf der Harfe danke, mein Gott.
Was betrübst du dich, meine Seele,
und bist so unruhig in mir?
Harre auf Gott; denn ich werde ihm noch danken,
daß er meines Angesichts Hilfe und mein Gott ist.

PSALM 43

PSALM

Schaffe mir Recht, Gott, und führe du meine Sache; zu
zahlreich sind die Stimmen und zu mächtig die Gefühle,
die mich verklagen.

Hier in der Stille wird mir erst bewußt,
wie laut meine Seele um Hilfe schreit:
Gegen den Druck derer, die mir rücksichtslos zusetzen;
die nur an ihren Vorteil denken und kein Gespür haben für
die Grenzen meiner Belastbarkeit.

Hier in der Freiheit deiner Barmherzigkeit beginne ich
zu ahnen,
wie unbarmherzig ich mit mir selber bin.
Wie brutal ich die Schwächen niederprügele,
die nicht zu dem Bild passen, das ich gern von mir habe.
Wie dünn die Decke meines Glaubens ist,
die die Abgründe meiner Zweifel überspannt.
Hier in der Verläßlichkeit deiner Nähe fällt mir auf,
wie unzuverlässig ich bin in deinem Dienst,
und wie verlassen ich mich oft fühle,
weil ich mich nur auf mich selbst verlassen habe.
Wer wird noch zu mir halten,
da ich es doch offenbar niemandem recht machen kann?

Schaffe mir Recht, mein Gott, und führe du meine Sache;
zu zahlreich sind die Stimmen und zu mächtig die Gefühle,
die mich verklagen.

GEBET

*Herr Jesus Christus, hilf uns in deinem Geist für Gerech-
tigkeit einzutreten, wo man nur barmherzig sein will, und
für Barmherzigkeit, wo man nur gerecht zu sein versucht.
Laß die Christen Anwälte deiner Freiheit sein und die Kirchen Orte, da den Gefährdeten und Verfolgten Asyl ge-
währt wird. Recht muß Recht werden. Dazu komme dein
Reich in Ewigkeit.*

6. Sonntag in der Fastenzeit Palmarum:
Freiwerden im Leiden

Gott, hilf mir!
Denn das Wasser geht mir bis an die Kehle.
Ich versinke in tiefem Schlamm,
wo kein Grund ist;
ich bin in tiefe Wasser geraten,
und die Flut will mich ersäufen.
Ich habe mich müde geschrien,
mein Hals ist heiser.
Meine Augen sind trübe geworden,
weil ich so lange harren muß auf meinen Gott.
Denn um deinetwillen trage ich Schmach,
mein Angesicht ist voller Schande.
Ich bin fremd geworden meinen Brüdern
und unbekannt den Kindern meiner Mutter;
denn der Eifer um dein Haus hat mich gefressen,
und die Schmähungen derer, die dich schmähen,
sind auf mich gefallen.
Ich warte, ob jemand Mitleid habe, aber da ist niemand,
und auf Tröster, aber ich finde keine.
Sie geben mir Galle zu essen
und Essig zu trinken für meinen Durst.
Ich aber bin elend und voller Schmerzen.
Gott, deine Hilfe schütze mich!

AUS PSALM 69

Christus war gehorsam bis zum Tode,
ja zum Tode am Kreuz.

Gott, hilf mir, denn ich bin vom festem Weg abgekommen,
meine Füße finden keinen Halt mehr,
wie saugender Schlamm ist der Grund unter mir.
Ich will um Hilfe schreien,
aber aus meiner Kehle kommen nur tonlose Seufzer,
verstummt sind meine wortreichen Gebete.
Meine nächsten Angehörigen kennen mich
nicht mehr wieder,
und meine Freunde gehen mir aus dem Weg.
Unheimlich bin ich ihnen in meiner Leidenschaft
für deine Sache,
und so laden sie alle ihre Zweifel und Hoffnungslosig-
keiten bei mir ab.
Ich ertrage das nicht, Gott, das ist zu viel für mich.
Das Kreuz, das ich dir nachtragen wollte, ist mir zu schwer.

Christus war gehorsam bis zum Tode,
ja zum Tode am Kreuz.

GEBET

*Heiliger Gott, barmherziger Vater, ratlos stehen wir vor
dem Kreuz deines Sohnes. Wir möchten ja sagen zu seinem Sinn und froh werden über die darin gewirkte Vergebung. Aber unsere Vernunft zuckt mit den Achseln und unser Gefühl weigert sich, Schuld anzuerkennen. Laß uns
den Weg dieser Woche als deinen Weg für uns annehmen
und getrost mitgehen mit ihm, unserm Herrn Jesus Christus, der . . .*

61

Gründonnerstag:
Brot und Wein

Halleluja! Ich danke dem Herrn von ganzem Herzen
im Rate der Frommen und in der Gemeinde.
Groß sind die Werke des Herrn;
wer sie erforscht, der hat Freude daran.
Was er tut, das ist herrlich und prächtig,
und seine Gerechtigkeit bleibt ewiglich.
Er hat ein Gedächtnis gestiftet seiner Wunder,
der gnädige und barmherzige Herr.
Er gibt Speise denen, die ihn fürchten;
er gedenkt ewig an seinen Bund.
Er läßt verkündigen seine gewaltigen Taten seinem Volk,
daß er ihnen gebe das Erbe der Heiden.
Die Werke seiner Hände sind Wahrheit und Recht;
alle seine Ordnungen sind beständig.
Sie stehen fest für immer und ewig;
sie sind recht und verläßlich.
Er sendet eine Erlösung seinem Volk;
er verheißt, daß sein Bund ewig bleiben soll.
Heilig und hehr ist sein Name.
Die Furcht des Herrn ist der Weisheit Anfang.
Klug sind alle, die danach tun.
Sein Lob bleibet ewiglich.

PSALM 111

Wenn das Weizenkorn nicht in die Erde fällt und erstirbt,
bleibt es allein; wenn es aber erstirbt, bringt es viel Frucht.

Was uns heil macht, Christus, ist dein Zerbrechen,
und was dich schwächte, macht uns stark.
In deinem Leiden teilst du dich uns mit,
damit wir Freude erfahren, wenn wir miteinander teilen.
Du hast ein immerwährendes Gedächtnis
dieses Wunders gestiftet,
unsere Gemeinschaft an deinem Tisch macht es
für alle sichtbar.
Indem wir unsern Hunger stillen,
bekennen wir dein Erbarmen,
und wenn wir unsern Durst löschen,
erfahren wir Vergebung unerkannter Schuld.
Wir danken dir, Herr, denn du bist freundlich,
und deine Güte währet ewiglich.

Wenn das Weizenkorn nicht in die Erde fällt und erstirbt,
bleibt es allein; wenn es aber erstirbt, bringt es viel Frucht.

GEBET

Herr Jesus Christus, du hast denen, die dich haßten, deinen Leib hingegeben. Und sie haben ihn gequält, geschunden und totgeschlagen. Seitdem hast du nicht aufgehört, deinen Leib hinzugeben. Im Abendmahl hältst du dich für jeden bereit, der kommen will. Wie damals dürfen sie alle kommen: die Fanatiker und die Gleichgültigen, die Überzeugten und die Zweifler, die Angesehenen und die Namenlosen. Hilf uns, daß unsere Vernunft nicht Anstoß nimmt an deiner armen Gestalt, sondern Herz und Verstand erfüllt werden von deiner Gegenwart, der du mit dem Vater . . .

Karfreitag:
Die Strafe liegt auf ihm

Mein Gott, mein Gott, warum hast du mich verlassen?
Ich schreie, aber meine Hilfe ist ferne.
Mein Gott, des Tages rufe ich, doch antwortest du nicht,
und des Nachts, doch finde ich keine Ruhe.
Du aber bist heilig,
der du thronst über den Lobgesängen Israels.
Unsere Väter hofften auf dich;
und da sie hofften, halfst du ihnen heraus.
Sei nicht ferne von mir, denn Angst ist nahe;
denn es ist hier kein Helfer.
Ich will deinen Namen kundtun meinen Brüdern,
ich will dich in der Gemeinde rühmen:
Rühmet den Herrn, die ihr ihn fürchtet;
ehret ihn, ihr alle vom Hause Jakob,
und vor ihm scheuet euch,
ihr alle vom Hause Israel!
Denn er hat nicht verachtet noch verschmäht
das Elend des Armen
und sein Antlitz vor ihm nicht verborgen;
und als er zu ihm schrie, hörte er's.
Dich will ich preisen in der großen Gemeinde,
ich will mein Gelübde erfüllen vor denen, die ihn fürchten.
Die Elenden sollen essen, daß sie satt werden;
und die nach dem Herrn fragen, werden ihn preisen;
euer Herz soll ewiglich leben.
Es werden gedenken und sich zum Herrn bekehren
aller Welt Enden
und vor ihm anbeten alle Geschlechter der Heiden.

Aus Psalm 22

Christus war gehorsam bis zum Tode am Kreuz.

Mein Gott, mein Gott, warum hast du mich verlassen?
Ich sehe keine Rettung, und mein Schrei verhallt.
Höhnisch blicken mich die Augen derer an,
die ich durch mein Vertrauen zu überzeugen gedachte.
Warum bist du so weit weg, jetzt, wo ich in Not bin
und keiner eine Hand aufhebt, mir zu helfen?
Ausweglos wie in einem Alptraum ist meine Lage,
jeder Weg, den ich einschlage, endet vor einer Mauer.
Ich fühle mich zerschlagen am ganzen Körper,
wie scharfe Nägel durchbohrt es mir Hände und Füße.
Ich möchte tot sein. Aber wer wird um mich trauern?
Kann ich im Tod überwinden, woran ich lebend zerbrach?
Sie werden meine Habseligkeiten unter sich verteilen.
Nach mir aber wird kein Hahn krähen,
und die Tränen werden nicht bitter schmecken.
Und sollte doch einmal mein Name fallen,
dann wird man, peinlich berührt, das Thema wechseln.

Christus war gehorsam bis zum Tode am Kreuz.

GEBET

Ewiger Gott, du warst es, der Jesus in die Hand seiner Mörder gab. Du hast die Qualen des Sohnes als Qualen des Vaters erlitten. War das nicht zu vermeiden? Konntest du nicht in deiner Allmacht die Schuld der Menschen sühnen ohne dieses Opfer? Doch du sagst mir: So redet einer, der sich selbst nicht betroffen fühlt. Ja, Herr, ich bin es auch! Meine Schuld allein würde schon genügen, um Christus ans Kreuz zu bringen. Nur wer das erkennt, wird Zugang finden zu der Gnade, die nun für alle Zeit von diesem Kreuz ausgeht.

Osternacht:
Fest der ausgelassenen Freude

Der Herr ist meine Macht und mein Psalm
und ist mein Heil.
Man singt mit Freuden vom Sieg in den Hütten
der Gerechten:
Die Rechte des Herrn behält den Sieg!
Die Rechte des Herrn ist erhöht;
die Rechte des Herrn behält den Sieg!
Ich werde nicht sterben,
sondern leben und des Herrn Werke verkündigen.

AUS PSALM 118

PSALM

Der Herr ist auferstanden, halleluja,
er ist wahrhaftig auferstanden, halleluja.

Freude soll herrschen in den Kirchen und auf den Straßen,
Freude über den großen Sieg, der den Tod bezwungen hat.
Ein Fest wollen wir feiern,
ein Fest der ausgelassenen Freude.
Gott hat das Unabänderliche geändert
und das Unerschütterliche erschüttert.
Das Ende ist zum Anfang geworden
und das Unendliche zur Ewigkeit.
Kommt laßt uns feiern und fröhlich sein!
Freut euch mit uns, Kirchenglocken und Orgelpfeifen!
Freut euch mit uns, Regentropfen und Sonnenstrahlen!
Freut euch mit uns, Kuckuck und Esel!
Singt um die Wette zum Ostersieg Gottes!

Der Herr ist auferstanden, halleluja,
er ist wahrhaftig auferstanden, halleluja.

GEBET

*Herr, daß du lebst, ist keine Kunst, denken wir manchmal.
Aber daß wir leben sollen, trotz des Sterbens, und daß in
dieser Welt tatsächlich das Gesetz des Lebens und Leben-
lassens herrschen soll und nicht des Sterbens und Sterben-
lassens – das erscheint uns meistens unvorstellbar.
Öffne uns Augen und Ohren für das Wunder deiner Auferstehung, damit wir begreifen: Der Anfang ist gemacht.
Auf dem Grund, den du gelegt hast, können wir dir nachfolgen in das Leben, das hier anfängt und gültig bleibt von
Ewigkeit zu Ewigkeit.*

Ostern:
Stärker als der Tod

Der Herr ist meine Macht und mein Psalm
und ist mein Heil.
Man singt mit Freuden vom Sieg in den Hütten
der Gerechten:
Die Rechte des Herrn behält den Sieg!
Die Rechte des Herrn ist erhöht;
die Rechte des Herrn behält den Sieg!
Ich werde nicht sterben, sondern leben
und des Herrn Werke verkündigen.
Der Herr züchtigt mich schwer;
aber er gibt mich dem Tode nicht preis.
Tut mir auf die Tore der Gerechtigkeit,
daß ich durch sie einziehe und dem Herrn danke.
Das ist das Tor des Herrn
die Gerechten werden dort einziehen.
Ich danke dir, daß du mich erhört hast
und hast mir geholfen.
Der Stein, den die Bauleute verworfen haben,
ist zum Eckstein geworden.
Das ist vom Herrn geschehen
und ist ein Wunder vor unsern Augen.
Dies ist der Tag, den der Herr macht;
laßt uns freuen und fröhlich an ihm sein.

AUS PSALM 118

PSALM

Der Tod ist verschlungen in den Sieg.
Tod, wo ist dein Stachel? Hölle, wo ist dein Sieg?

Das letzte Wort ist noch nicht gesprochen. Der Tod hält immer noch schreckliche Ernte. Aber heute ist Ostern, das Fest der Auferstehung Christi. Das Leben hat jetzt den längeren Atem, und der Tod wird nicht das letzte Wort haben. Der Tod ist verschlungen . . .
Das letzte Wort ist noch nicht gesprochen. Meinung steht unversöhnlich gegen Meinung. Aber heute ist Ostern, das Fest der Auferstehung Christi. Der Frieden hat jetzt den längeren Atem, und das Nein zur Versöhnung muß nicht für immer gelten. Der Tod ist verschlungen . . .
Das letzte Wort ist noch nicht gesprochen. Unser Reden ist noch immer voll Irrtum und Lüge. Aber heute ist Ostern, das Fest der Auferstehung Christi. Die Wahrheit hat jetzt den längeren Atem, und die Verführten und Betrogenen wissen, daß ihrem Schmerz eine Grenze gesetzt ist.

Der Tod ist verschlungen in den Sieg.
Tod, wo ist dein Stachel? Hölle, wo ist dein Sieg?

GEBET

Die Osterfreude der Christen ist mehr als Frühlingsgefühle, ja! Und ewiges Leben ist mehr als grenzenloses Jungsein, sicher! Und doch sind wir darauf angewiesen, daß wir auch etwas spüren von der belebenden Kraft des Evangeliums: Christus ist auferstanden. Laß uns darum heute nicht allein, Herr, allein mit korrekten Bekenntnisformeln und fehlerlosen Bibelzitaten! Sondern laß uns etwas erfahren von der Lebendigkeit, in die du auferstanden bist und in die du uns mitreißen willst, damit wir sind, wo du lebst und regierst von Ewigkeit zu Ewigkeit.

Ostermontag:
Aufgestanden zum Leben

Der Herr ist meine Macht und mein Psalm
und ist mein Heil.
Man singt mit Freuden vom Sieg in den Hütten
der Gerechten:
Die Rechte des Herrn behält den Sieg!
Die Rechte des Herrn ist erhöht;
die Rechte des Herrn behält den Sieg!
Ich werde nicht sterben, sondern leben
und des Herrn Werke verkündigen.
Der Herr züchtigt mich schwer,
aber er gibt mich dem Tode nicht preis.
Tut mir auf die Tore der Gerechtigkeit,
daß ich durch sie einziehe und dem Herrn danke.
Das ist das Tor des Herrn,
die Gerechten werden dort einziehen.
Ich danke dir, daß du mich erhört hast
und hast mir geholfen.
Der Stein, den die Bauleute verworfen haben,
ist zum Eckstein geworden.
Das ist vom Herrn geschehen
und ist ein Wunder vor unsern Augen.
Dies ist der Tag, den der Herr macht;
laßt uns freuen und fröhlich an ihm sein.

AUS PSALM 118

Auferstanden bin ich und bin nun immer bei dir.
Halleluja, halleluja, halleluja!

Singen will ich vom Sieg über den Tod,
spotten über die finstere Drohung des Sterbens.
Grundlos ist meine Angst, das Leben zu versäumen,
und der Schmerz des Verlustes wird zum Zeichen
beginnender Genesung.
Gott ist in die Verliese des Todes eingebrochen
und hat sich das Sterben zur Beute gemacht.
Dankbar kann ich jeden Tag in Empfang nehmen
und aus seiner Hand erwarten, wie es weitergehen soll.
Denn er sagt mir:

Auferstanden bin ich und bin nun immer bei dir.
Halleluja, halleluja, halleluja!

GEBET

Herr, an der Sorge um das Leben sterben mehr Menschen als an irgendeiner anderen Krankheit. Du kennst das Elend, das die Todesangst unter uns verursacht. Schenke uns Christen, daß die Menschen bei uns Asyl finden vor der Verfolgung ihrer Ängste und daß unsere Gottesdienste Zufluchtsorte der Wahrheit und des Lebensmutes werden durch unsern Herrn Jesus Christus, deinen Sohn, der mit dir in der Einheit des Heiligen Geistes lebt in Ewigkeit.

1. Sonntag nach Ostern Quasimodogeniti:
Wie neu geboren

Ich liebe den Herrn,
denn er hört die Stimme meines Flehens.
Er neigte sein Ohr zu mir;
darum will ich mein Leben lang ihn anrufen.
Stricke des Todes hatten mich umfangen,
des Totenreichs Schrecken hatten mich getroffen;
ich kam in Jammer und Not.
Aber ich rief an den Namen des Herrn:
Ach, Herr, errette mich!
Der Herr ist gnädig und gerecht,
und unser Gott ist barmherzig.
Der Herr behütet die Unmündigen;
wenn ich schwach bin, so hilft er mir.
Sei nun wieder zufrieden, meine Seele;
denn der Herr tut dir Gutes.
Denn du hast meine Seele vom Tode errettet,
mein Auge von den Tränen, meinen Fuß vom Gleiten.
Ich werde wandeln vor dem Herrn
im Lande der Lebendigen.

AUS PSALM 116

PSALM

Wie die neugeborenen Kinder schreien nach der Milch, die
sie nährt, so schreit in uns der Hunger nach dem Leben, das
von dir kommt, Gott.

Ich sehne mich nach dir, Herr,
denn du kennst die dunklen Wünsche meines Herzens.
Wie ein Freund sein Ohr neigt über den Mund,
der nur noch flüsternd stammeln kann,
so neigst du dein Ohr zu mir,
wenn meinem Beten die Kraft und die Worte fehlen.
Du hast deine Nähe den Kindern versprochen,
den Schwachen, die ganz auf Hilfe angewiesen sind.
Darum darf ich mitten in der Angst mit dir rechnen.
Wenn die Zukunft mich überfällt
wie ein drohender Schatten,
darf ich ausschauen nach deinem Licht.
Denn der Balken, der dir den Tod brachte,
rettet mir das Leben.
Er wird mich tragen ans sichere Land,
wo die Stürme dieser Welt
keine Gewalt mehr über mich haben.

Wie die neugeborenen Kinder schreien nach der Milch, die
sie nährt, so schreit in uns der Hunger nach dem Leben, das
von dir kommt, Gott.

GEBET

*Du, der du den Tod selbst getötet hast in der Auferweckung
Jesu Christi: Nimm uns hinein in die Feier deines Sieges.
Schenke uns den Glauben, der die Müdigkeit unserer Ge-
danken und die Unsicherheit unserer Schritte zerbricht
und uns von Grund auf verwandelt durch ihn, unsern
Herrn Jesus Christus, der ...*

2. Sonntag nach Ostern Misericordias Domini: Behütet und getröstet

Der Herr ist mein Hirte,
mir wird nichts mangeln.
Er weidet mich auf einer grünen Aue
und führet mich zum frischen Wasser.
Er erquicket meine Seele.
Er führet mich auf rechter Straße
um seines Namens willen.
Und ob ich schon wanderte im finstern Tal,
fürchte ich kein Unglück;
denn du bist bei mir,
dein Stecken und Stab trösten mich.
Du bereitest vor mir einen Tisch
im Angesicht meiner Feinde.
Du salbest mein Haupt mit Öl
und schenkest mir voll ein.
Gutes und Barmherzigkeit werden mir folgen
mein Leben lang,
und ich werde bleiben im Hause des Herrn immerdar.

PSALM 23

PSALM

Auf Schritt und Tritt begegnest du der Güte des Herrn; der ist gut dran, der sich in Gottes Behutsamkeit zu Hause weiß.

Der Herr ist mein Hirte, mir wird nichts mangeln.
Du gehörst zur Gemeinde Christi.
Was machst du dir noch Sorgen!

Er weidet mich auf einer grünen Aue
und führet mich zum frischen Wasser.
Du kannst dich frei bewegen
in dem weiten Spielraum des Evangeliums.
Und du hast ein Ziel, das das Leben lohnt.
Und ob ich schon wanderte im finstern Tal,
fürchte ich kein Unglück; denn du bist bei mir.
Erschrick nicht,
wenn dich dein Weg in dunkle Tiefen hinabführt;
da bist du ihm auf der Spur!
Gutes und Barmherzigkeit
werden mir folgen mein Leben lang,
und ich werde bleiben im Hause des Herrn immerdar.
Du läufst seiner bergenden Hand nicht davon,
wohin du auch gehst,
dein Wohnrecht bei ihm bleibt ungekündigt in Ewigkeit.

Auf Schritt und Tritt begegnest du der Güte des Herrn; der
ist gut dran, der sich in Gottes Behutsamkeit zu Hause
weiß.

GEBET

*Heiliger, barmherziger Gott, du hast Jesus Christus zum
guten Hirten gemacht und rufst auch uns zu seiner Herde.
Laß uns seiner Stimme folgen; denn sie allein befreit uns
von allem Herdentrieb dieser Welt. Laß uns in seiner Gemeinschaft den Frieden finden, der nicht gleichschaltet,
sondern eint in der Vielfalt. Durch ihn, unsern Herrn Jesus
Christus . . .*

3. Sonntag nach Ostern Jubilate:
Zum Leben erwacht

Jauchzet Gott, alle Lande!
Lobsinget zur Ehre seines Namens;
rühmet ihn herrlich!
Sprecht zu Gott: Wie wunderbar sind deine Werke!
Deine Feinde müssen sich beugen
vor deiner großen Macht.
Alles Land bete dich an und lobsinge dir,
lobsinge deinem Namen.
Kommt her und sehet an die Werke Gottes,
der so wunderbar ist in seinem Tun
an den Menschenkindern.
Er verwandelte das Meer in trockenes Land,
sie konnten zu Fuß durch den Strom gehen.
Darum freuen wir uns seiner.
Er herrscht mit seiner Gewalt ewiglich,
seine Augen schauen auf die Völker.
Die Abtrünnigen können sich nicht erheben.
Lobet, ihr Völker, unsern Gott,
laßt seinen Ruhm weit erschallen,
der unsre Seele am Leben erhält
und läßt unsere Füße nicht gleiten.

AUS PSALM 66

PSALM

Jauchzet Gott, alle Lande! Lobsinget zur Ehre seines Namens; rühmet ihn herrlich!

Wie neu geboren erscheint mir die Erde,
Gärten und Fluren schmücken sich
mit strahlender Schönheit.

Der Kirschbaum lobt dich im Schleier seiner Blütenpracht,
und die Tulpen richten jubelnd ihre Kelche gen Himmel.
Die Kunde vom Wunder der Osternacht
hallt wider im lautlosen Echo aufspringender Knospen.
Öffnet eure Augen und schaut die Wunderwerke Gottes,
laßt euch nicht fixieren von den grauen Fassaden
eures Selbstmitleids!
Hat nicht Gott auch in deinem Leben
Mauern durchbrochen
und dir einen Weg gewiesen aus deiner Verzweiflung?
Meintest du nicht schon früher, jetzt seist du am Ende,
und aus dem Tod deiner Hoffnung erstand neuer Anfang?
Laß dich jetzt hineinnehmen in das jubelnde Lob
der Schöpfung,
damit dein Herz die Gitter der Furcht sprengen kann.
Spann den Bogen deiner Hoffnung über alle Stacheldrähte
der Enttäuschung
und bleib nicht stehen bei den Gräbern deines Gestern.
Gottes Verheißungen greifen weiter
als deine eigensüchtigen Pläne,
in den lobenden Chören der Schöpfung hast auch du
deinen unersetzlichen Platz.

Jauchzet Gott, alle Lande! Lobsinget zur Ehre seines Namens; rühmet ihn herrlich!

GEBET

Herr, du Schöpfer aller Dinge, du wirkst neues Leben bei Tieren und Pflanzen: Wecke auch uns auf aus dem Schlaf der Gleichgültigkeit, der Kälte, der Lieblosigkeit und dem Tod unserer Sünde. Richte uns auf durch dein Licht und mach uns beweglich durch die Wärme des guten Geistes unsers Herrn Jesus Christus, der mit dir in der Einheit dieses Geistes lebt und regiert von Ewigkeit zu Ewigkeit.

4. Sonntag nach Ostern Cantate:
Singt nicht mehr das alte Lied

Singet dem Herrn ein neues Lied,
denn er tut Wunder.
Er schafft Heil mit seiner Rechten
und mit seinem heiligen Arm.
Der Herr läßt sein Heil kundwerden;
vor den Völkern macht er seine Gerechtigkeit offenbar.
Er gedenkt an seine Gnade und Treue für das Haus Israel,
aller Welt Enden sehen das Heil unsres Gottes.
Jauchzet dem Herrn, alle Welt,
singet, rühmet und lobet!
Lobet den Herrn mit Harfen,
mit Harfen und mit Saitenspiel!
Mit Trompeten und Posaunen
jauchzet vor dem Herrn, dem König!
Das Meer brause und was darinnen ist,
der Erdkreis und die darauf wohnen.
Die Ströme sollen frohlocken,
und alle Berge seien fröhlich
vor dem Herrn; denn er kommt, das Erdreich zu richten.
Er wird den Erdkreis richten mit Gerechtigkeit
und die Völker, wie es recht ist.

PSALM 98

PSALM

Singet dem Herrn ein neues Lied; denn er hat Wunder getan – und tut sie noch!

Wie das Auge, verletzt durch den verbauten Horizont
unserer Städte,

Heilung findet im Blick über die endlose Weite des Meeres,
wie die Lunge, vergiftet durch die unsichtbaren Dämpfe
des Wohlstandes,
Genesung sucht in der unerschöpflichen Frische
des Seewindes,
so atmet meine Seele Heilung in deinem Wort.
Es löst sich der Krampf der Angst,
der mir die Kehle zuschnürte.
Ich finde wieder Worte: Worte des Dankes
oder Worte der Klage,
immer aber Worte, die die Mauer des Morgen
in Steine zertrümmern,
Steine, die ich greifen und über die Schulter hinter mich
werfen kann
– und Stück für Stück wird wieder Zukunft sichtbar.

Singet dem Herrn ein neues Lied; denn er hat Wunder getan – und tut sie noch!

GEBET

*Herr, wer mißt die Menge der Tröstung, die vom Singen
deiner Kirche ausgegangen ist und nach wie vor ausgeht?
Wer berechnet die Heilungskosten, die einer Gesellschaft
erspart bleiben dadurch, daß in ihren Kirchen musiziert
wird? Und wenn das alles zu messen und zu berechnen
wäre: ungezählt, weil unzählbar blieben deine Wunder,
auf die unser Lobgesang nur hinweisen kann wie der Kin-
derfinger auf den Sternenhimmel. Wir danken dir durch
unsern Herrn Jesus Christus, der mit dir ...*

5. Sonntag nach Ostern Rogate:
Gott läßt mit sich reden

Kommt herzu, laßt uns dem Herrn frohlocken
und jauchzen dem Hort unsres Heils!
Laßt uns mit Danken vor sein Angesicht kommen
und mit Psalmen ihm jauchzen!
Denn der Herr ist ein großer Gott
und ein großer König über alle Götter.
Denn in seiner Hand sind die Tiefen der Erde,
und die Höhen der Berge sind auch sein.
Denn sein ist das Meer, und er hat's gemacht,
und seine Hände haben das Trockene bereitet.
Kommt, laßt uns anbeten und knien
und niederfallen vor dem Herrn, der uns gemacht hat.
Denn er ist unser Gott,
und wir das Volk seiner Weide und Schafe seiner Hand.
Wenn ihr doch heute auf seine Stimme hören wolltet:
»Verstocket euer Herz nicht.«

AUS PSALM 95

PSALM

Gelobt sei Gott, der mein Gebet nicht verwirft noch seine
Güte von mir wendet.

Ich möchte ihnen gern sagen, Gott, was du mir bedeutest,
ihnen helfen und sie trösten mit dem, was ich erfuhr.
Hört mir zu, möchte ich sagen, hört meine Geschichte,
dann werdet auch ihr Grund und Ziel eures Lebens
erkennen:
Ich suchte Gott, den Gott, von dem Jesus geredet,
dessen Treue beständiger sein soll als Himmel und Erde.

Zu ihm betete ich, breitete aus die Erfahrungen
meines Lebens
und stellte sie in das Licht seines Wortes.
Da begannen die Dinge wie von selbst sich zu ordnen,
neue Maßstäbe gab es,
zwischen Großem und Kleinem zu scheiden.
Meine Entschlüsse diktiert nun nicht mehr die Angst
um den eigenen Vorteil,
auch in Mühe und Leid bleibt das Leben voll Hoffnung.
Darum laßt uns gemeinsam dem danken,
der Herr unseres Lebens
und ein Vater ist aller, die seine Liebe ins Sein rief.

Gelobt sei Gott, der mein Gebet nicht verwirft noch seine
Güte von mir wendet.

GEBET

*Unser Vater, lehre uns beten, wie dein Sohn es uns vorge-
lebt hat. Lehre uns um Brot bitten, wenn das vorhandene
nicht für alle zu reichen scheint. Lehre uns um Vergebung
bitten, wenn Menschen nicht wissen, was sie tun. Lehre
uns um Hingabe bitten, wenn unser Herz sich ängstigt.
Und lehre uns danken, daß deine Gegenwart nicht in der
Kraft, auch nicht in der Kraft unseres Glaubens, sondern
in der Schwäche erfahren wird, die sich mitnehmen läßt
auf den Weg dessen, der mit dir und dem Heiligen Geist
lebt und regiert von Ewigkeit zu Ewigkeit.*

Christi Himmelfahrt:
Der Himmel ist offen

Schlagt froh in die Hände, alle Völker,
und jauchzet Gott mit fröhlichem Schall!
Denn der Herr, der Allerhöchste, ist heilig,
ein großer König über die ganze Erde.
Er beugt die Völker unter uns
und Völkerschaften unter unsere Füße.
Er erwählt uns unser Erbteil,
die Herrlichkeit Jakobs, den er lieb hat.
Gott fährt auf unter Jauchzen,
der Herr beim Hall der Posaune.
Lobsinget, lobsinget Gott,
lobsinget, lobsinget unserm Könige!
Denn Gott ist König über die ganze Erde;
lobsinget ihm mit Psalmen!
Gott ist König über die Völker,
Gott sitzt auf seinem heiligen Thron.
Die Fürsten der Völker sind versammelt
als Volk des Gottes Abrahams;
denn Gott gehören die Starken auf Erden;
er ist hoch erhaben.

AUS PSALM 47

Klatscht in die Hände vor Freude, ihr Völker der Welt.
Denn die Angst vor der Zukunft ist überwunden.

Vergeßt eure Sorgen und Nöte,
die kleinlichen Händel und Streitigkeiten laßt beiseite.
Wir haben einen Herrn, der uns frei macht.
Er zeigt unsern Wegen das Ziel und die Richtung.
Die Satten werden das Hungern lernen,
und die Armen werden reiche Ernte einbringen.
Er schafft den Ausgebeuteten Gerechtigkeit
und Friede den Opfern des Krieges.
Er ist der Herr und kein anderer,
auch die Zweifler werden lernen, mit ihm zu rechnen.
Ein brüchiges Leben kann er heilen,
und wo Mutlosigkeit herrscht, wird Hoffnung einziehen.
Verzweifelte fassen wieder Tritt,
und den Zerschlagenen wächst unerwartete Kraft zu.

Darum: Klatscht in die Hände vor Freude, ihr Völker der
Welt; denn die Angst vor der Zukunft ist überwunden.

GEBET

*Herr Jesus Christus, die Bibel erzählt uns heute von deiner
Himmelfahrt. Hilf uns verstehen, daß du uns damit nicht
ferngerückt bist, sondern den Abgrund zwischen Himmel
und Erde überwunden hast. Jetzt baust du an deinem
Reich der Gerechtigkeit und des Friedens nicht mehr im
Jenseits, sondern hier mitten unter uns. Laß uns, deine
Gemeinde, diese veränderte Lage überall glaubwürdig bezeugen, in alten und in neuen Bildern, damit die Menschen um uns her aufschauen aus ihrer Hoffnungslosigkeit und froh darüber werden, daß du mit dem Vater und
dem Heiligen Geist lebst und herrschst von Ewigkeit zu
Ewigkeit.*

6. Sonntag nach Ostern Exaudi:
Die richtige Richtung

Der Herr ist mein Licht und mein Heil;
vor wem sollte ich mich fürchten?
Herr, höre meine Stimme, wenn ich rufe;
sei mir gnädig und erhöre mich!
Mein Herz hält dir vor dein Wort:
»Ihr sollt mein Antlitz suchen.«
Darum suche ich auch, Herr, dein Antlitz.
Verbirg dein Antlitz nicht vor mir,
verstoße nicht im Zorn deinen Knecht!
Denn du bist meine Hilfe; verlaß mich nicht
und tu die Hand nicht von mir ab, Gott, mein Heil!
Denn mein Vater und meine Mutter verlassen mich,
aber der Herr nimmt mich auf.
Herr, weise mir deinen Weg
und leite mich auf ebener Bahn um meiner Feinde willen.
Gib mich nicht preis dem Willen meiner Feinde!
Denn es stehen falsche Zeugen wider mich auf
und tun mir Unrecht ohne Scheu.
Ich glaube aber doch, daß ich sehen werde
die Güte des Herrn im Lande der Lebendigen.
Harre des Herrn!
Sei getrost und unverzagt und harre des Herrn!

AUS PSALM 27

PSALM

Herr, höre meine Stimme, wenn ich nach dir rufe. Laß uns
bei dir ein Ohr finden für die Ängste, die uns umtreiben.

Du bist das Licht, ohne dich ist es finster,
in meinem Kopf wie auf meinem Weg.

Du bist mein Heil; ohne dich bin ich krank
und zerschlagen,
in meiner Seele wie in meinen Beziehungen.
Aber nichts und niemand macht mir angst,
wenn ich deiner Nähe gewiß bin.
Laß mich nicht ohne Antwort, Herr,
wenn ich nach dir rufe.
Du darfst dich jetzt nicht vor mir verbergen.
Wer soll mir denn helfen, wenn du es nicht tust?
Geh dazwischen, wenn die Sorgen dieser Welt
so hoch wuchern,
daß sie uns den Blick auf deine Güte verstellen.
Leg mir die Hand auf die Schulter,
wenn ich mich in falsche Ziele verrannt habe.
Und wenn du es für nötig hältst,
daß wir wieder lernen, auf dich zu warten,
dann gib uns das tägliche Brot der Geduld
und den Schluck frischen Wassers,
der uns den Durst aushalten läßt.

Herr, höre meine Stimme, wenn ich nach dir rufe. Laß uns
bei dir ein Ohr finden für die Ängste, die uns umtreiben.

GEBET

*Herr Jesus Christus, Gott hat niemand anderen als dich zu
seiner rechten Hand gemacht. Wir bitten dich: Halte uns
fest bei diesem Glauben. So vieles um uns her predigt deine
Niederlage. Schenke uns deinen Geist, der uns die Wahrheit sagt. Laß uns nicht ohne deine Gegenwart, der du mit
dem Vater in der Einheit des Heiligen Geistes lebst und
regierst in Ewigkeit.*

Pfingstsonntag:
Komm, Heiliger Geist

Dies ist der Tag, den der Herr macht;
laßt uns freuen und fröhlich an ihm sein.
O Herr, hilf! O Herr, laß wohlgelingen!
Gelobt sei, der da kommt im Namen des Herrn!
Wir segnen euch, die ihr vom Hause des Herrn seid.
Der Herr ist Gott, der uns erleuchtet.
Schmückt das Fest mit Maien bis an die Hörner des Altars!
Du bist mein Gott, und ich danke dir;
mein Gott, ich will dich preisen.
Danket dem Herrn; denn er ist freundlich,
und seine Güte währet ewiglich.

AUS PSALM 118

PSALM

Ich will ihnen ein anderes Herz geben, spricht der Herr,
einen neuen Geist will ich ihnen verleihen.

Wir haben es weit gebracht, Herr.
Eine Weile schien es, als gäbe es für den Menschen
keine Grenze mehr.
Unsere Flugzeuge durchstoßen die Schallmauer,
unsere Raketen lassen die Atmosphäre der Erde hinter sich.
Wir pflanzen den Menschen künstliche Organe ein
und steuern die Prozesse werdenden Lebens.
Aber die Tür zu einem gleichgültigen Herzen
können wir nicht durchstoßen,
und den Haß einer verwundeten Seele
können wir nicht steuern.
Während die Großen um Atombomben feilschen
wie um ein paar Feldsteine,

stehen sie ratlos vor einer Handvoll Terroristen.
Während die Mediziner unser Leben um Jahre verlängern,
bleibt die Frage des lebensmüden Mädchens
ohne Antwort.
Der Turm, den wir bauen,
sollte bis an den Himmel reichen,
aber jetzt reicht er nicht einmal,
um in Frieden darin zu wohnen.
Wenn deine Güte nicht vom Himmel bis zur Erde reichte,
Herr, wir wären verloren.
Deshalb suchen wir Zuflucht in der Baracke
deiner Menschwerdung
und trinken von dem Quellwasser deines Wortes.

Ich will ihnen ein anderes Herz geben, spricht der Herr,
einen neuen Geist will ich ihnen verleihen.

GEBET

Herr Gott, Heiliger Geist! Geistlos bleibt all unser Bemü-
hen um menschenwürdige Verhältnisse ohne deine Gegen-
wart. Der Ungeist unserer selbstsüchtigen Pläne und unse-
rer trägen Gewissen greift wie eine ansteckende Krankheit
um sich, wenn du ihm nicht entgegentrittst. Darum:
Komm, Heiliger Geist, kehr bei uns ein!
Der Verwirrung der Geister ist auch in der Kirche nicht zu
wehren ohne deine Vollmacht. Geistliches und Weltliches
brechen auseinander, wenn du es nicht zusammenhältst.
Darum: Komm, Heiliger Geist, kehr bei uns ein!
Durch unsere Zukunftsgedanken geistert die Angst, wenn
du uns nicht Mut machst. Und die Geistesgegenwart, von
der die Liebe zum Nächsten lebt, kann nur aus der Kraft
deiner Nähe fließen. Darum: Komm, Heiliger Geist, kehr
bei uns ein durch unsern Herrn Jesus Christus.

Pfingstmontag:
Begabt und begeistert

Jauchzet dem Herrn, alle Welt!
Dienet dem Herrn mit Freuden,
kommt vor sein Angesicht mit Frohlocken!
Erkennet, daß der Herr Gott ist!
Er hat uns gemacht und nicht wir selbst
zu seinem Volk und zu Schafen seiner Weide.
Gehet zu seinen Toren ein mit Danken,
zu seinen Vorhöfen mit Loben;
danket ihm, lobet seinen Namen!
Denn der Herr ist freundlich, und seine Gnade währet ewig
und seine Wahrheit für und für.
Jauchzet dem Herrn, alle Welt!
Dienet dem Herrn mit Freuden!

PSALM 100

PSALM

Gott ist Geist, und die ihn anbeten, die müssen ihn im
Geist und in der Wahrheit anbeten.

Erkennet, daß der Herr Gott ist!
Das ist es ja, Herr, was uns oft nicht gelingt:
Dich zu entdecken in unserer Freude
und in unserm Dienst.
Wenn wir wüßten, daß es wirklich um dich ginge,
dann wäre alles viel leichter.
Erkennet, daß der Herr Gott ist!
Er hat uns gemacht – und nicht wir selbst – zu seinem Volk
und zu Schafen seiner Weide.

Du suchst mich immer
als den strahlenden Weltenherrscher, sagt Gott;
du wirst mich aber nur finden
in der armen Gestalt des Jesus aus Nazareth.
Du meinst immer, Christsein müßte verbunden sein
mit dem Gefühl der Überlegenheit, sagt Gott;
du vergißt, daß du zu meinem Volk allein durch den
gehörst, der der Welt unterlegen ist am Kreuz.
Danket ihm, lobet seinen Namen!
Denn der Herr ist freundlich,
und seine Gnade währet ewig.
Herr, lehre uns dankbar sein für das,
was du uns getan hast!
Hilf, daß wir dich da suchen, wo du zu finden bist.
Dann entdecken wir den Gott,
der uns von allen Seiten
mit seinen großen Händen umschließt.

Gott ist Geist, und die ihn anbeten, die müssen ihn im
Geist und in der Wahrheit anbeten.

GEBET

*Vater vom Himmel her: Gib uns den Geist der Wahrheit
und des Friedens. Ohne deinen Geist kennen wir nur eine
Wahrheit, die weh tut, oder einen faulen Frieden, der je-
dem und darum niemandem recht gibt. Nur in deinem
Geist gibt es das miteinander: Wahrheit und Frieden. Gib
uns diesen Geist, damit wir erkennen, was du wirklich
willst, durch unsern Herrn Jesus Christus, der mit dir und
dem Heiligen Geist lebt und regiert in alle Ewigkeit.*

Das Dreieinigkeitsfest Trinitatis:
Alles in allem – Gott

Ich will dich erheben, mein Gott, du König,
und deinen Namen loben immer und ewiglich.
Ich will dich täglich loben
und deinen Namen rühmen immer und ewiglich.
Der Herr ist groß und sehr zu loben,
und seine Größe ist unausforschlich.
Kindeskinder werden deine Werke preisen
und deine gewaltigen Taten verkündigen.
Gnädig und barmherzig ist der Herr,
geduldig und von großer Güte.
Es sollen dir danken, Herr, alle deine Werke
und deine Heiligen dich loben.
Dein Reich ist ein ewiges Reich,
und deine Herrschaft währet für und für.

AUS PSALM 145

PSALM

Heilig, heilig, heilig ist Gott der Herr, der Allmächtige,
der da war und der da ist und der da kommt.

Ich will dich erheben, mein Gott,
Herr über Raum und Zeit.
Herz und Hand, Wort und Musik sollen bereit sein
für dein Lob.
Du läßt die Sonne am Himmel strahlen,
damit sie das Lächeln deiner Liebe in unserer Seele weckt.
Du läßt Wolken aufziehen, damit das durstige Gras
Leben trinkt aus deiner Vaterhand.

Du gehst uns nach
in der geduldigen Ohnmacht deines Sohnes Jesus
und sprengst durch sein Wort die Mauern unserer Angst
und die Türme unseres Hochmuts.
Du läßt uns aufatmen
in der Freiheit deines Heiligen Geistes
und wärmst uns heraus aus der Kälte unserer Einsamkeit.
Kommt, laßt uns den Namen des Herrn rühmen,
Meereswellen und Sturmesbrausen,
Vogelstimmen und Posaunenschall,
Sonnenstrahlen und Regenwolken,
Grillenzirpen und Flugzeugmotoren,
singt mit uns um die Wette zur Ehre Gottes:

Heilig, heilig, heilig ist Gott der Herr, der Allmächtige,
der da war und der da ist und der da kommt.

GEBET

Herr, der uns beschützt, der uns rettet, und der uns den Weg zeigt, dich meinen wir, hör uns an: Du weißt, wie schwer wir uns tun, im Hören, im Verstehen, im Beten. Laß uns heute ein Stück weiterkommen im Begreifen deiner Herrlichkeit. Gib, daß wir uns freuen können über unsern Glauben und in dieser Freude leben. Der du, Gott Vater, Sohn und Heiliger Geist, lebst und regierst von Ewigkeit zu Ewigkeit.

1. Sonntag nach Trinitatis:
Die Entscheidung fällt jetzt

Ich will den Herrn loben allezeit;
sein Lob soll immerdar in meinem Munde sein.
Meine Seele soll sich rühmen des Herrn,
daß es die Elenden hören und sich freuen.
Preiset mit mir den Herrn
und laßt uns miteinander seinen Namen erhöhen!
Als ich den Herrn suchte, antwortete er mir
und errettete mich aus aller meiner Furcht.
Die auf ihn sehen, werden strahlen vor Freude,
und ihr Angesicht soll nicht schamrot werden.
Als einer im Elend rief, hörte der Herr
und half ihm aus allen seinen Nöten.
Der Engel des Herrn lagert sich um die her,
die ihn fürchten, und hilft ihnen heraus.
Schmecket und sehet, wie freundlich der Herr ist.
Wohl dem, der auf ihn trauet!
Fürchtet den Herrn, ihr seine Heiligen!
Denn die ihn fürchten, haben keinen Mangel.
Reiche müssen darben und hungern;
aber die den Herrn suchen,
haben keinen Mangel an irgendeinem Gut.

AUS PSALM 34

PSALM

Ich will den Herrn loben allezeit,
sein Lob soll immer neu in meinem Munde sein.

Komm, laß uns zusammen mit Gott reden,
hilf mir, die richtigen Worte zu finden.

Ich habe erfahren, welches Vertrauen daraus wächst,
die Angst kann uns nicht mehr die Hände binden.
Zuversicht bestimmt unser Handeln,
und unser Miteinander spiegelt die Freundlichkeit Gottes.
Die andern können's durch uns mit Händen greifen
und der Zuwendung Gottes unmittelbar gewiß werden.
Aber auch unser Scheitern wird sein Bild nicht verdunkeln,
auch unsere Schwachheit wird zum Erweis seiner Güte.
Denn er hat seine Nähe
den zerbrochenen Herzen zugesagt,
denen das Glück ihres Lebens zerronnen ist.
Seine Vergebung schlägt Brücken
über die Abgründe unserer Schuld
und bereitet den Weg durch die Wüste
zu neuer Gemeinschaft.

Ich will den Herrn loben allezeit,
sein Lob soll immer neu in meinem Munde sein.

GEBET

Gott, himmlischer Vater, du hast den Menschen geschaffen, um mit ihm Gemeinschaft zu haben und ihn zur Gemeinschaft zu befähigen. Wir bitten dich: Sei uns so nahe, wie du in deinem Sohn den Menschen nahegekommen bist. Und mach uns dadurch bereit, einander der Nächste zu werden, den Nahen wie den Fernen. Durch unsern Herrn Jesus Christus, deinen Sohn, der mit dir und dem Heiligen Geiste lebt und regiert von Ewigkeit zu Ewigkeit.

2. Sonntag nach Trinitatis:
Auch du bist eingeladen

Herr, deine Güte reicht, so weit der Himmel ist,
und deine Wahrheit, so weit die Wolken gehen.
Deine Gerechtigkeit steht wie die Berge Gottes
und dein Recht wie die große Tiefe.
Herr, du hilfst Menschen und Tieren.
Wie köstlich ist deine Güte, Gott,
daß Menschenkinder unter dem Schatten deiner Flügel
Zuflucht haben!
Sie werden satt von den reichen Gütern deines Hauses,
und du tränkst sie mit Wonne wie mit einem Strom.
Denn bei dir ist die Quelle des Lebens,
und in deinem Lichte sehen wir das Licht.
Breite deine Güte über die, die dich kennen,
und deine Gerechtigkeit über die Frommen.

AUS PSALM 36

PSALM

Herr, deine Güte reicht, so weit der Himmel ist,
und deine Wahrheit, so weit die Wolken gehen.

Zuverlässig wie Ebbe und Flut ist deine Gerechtigkeit
und die Weite der Dünen atmet deine planvolle Ordnung.
Der Wind, der mir Kühle zufächelt,
flüstert von deiner Freiheit
und die Blüte, die mein Fuß verschont,
wird zum Abbild deines Erbarmens.
Die Möwe, die an der Flutmarke ihre Nahrung findet,
lebt wie ich von der Einladung an deinen Tisch,

und der Strandhafer, der aus scheinbar trockenem Sand
sein Wasser saugt,
eröffnet mir in meiner Niedergeschlagenheit
neue Aussichten.
Wie überwältigend ist deine Güte,
die Menschen in der Beuge deines Armes
Geborgenheit schenkt,
und wie hinreißend die Freude,
die man durch deinen Geist erfährt.
Wer die Quelle seines Lebensstromes sucht, begegnet dir,
und erst wer dein Licht kennt, weiß,
wie hell ein Tag sein kann.

Herr, deine Güte reicht, so weit der Himmel ist,
und deine Wahrheit, so weit die Wolken gehen.

GEBET

Herr, unser Gott, du hast uns in dein Haus eingeladen, um uns mit deinem Sakrament zu bewirten: Nimm jetzt alles von unseren Herzen, was uns ablenken kann von deiner Güte, und hilf uns, denen die Schwellen zu deinem Tisch zu ebnen, die ängstlich davorstehen oder gleichgültig daran vorübergehen. Dein Geist braucht mehr Raum als unsere kleine Gemeinschaft; vollende deinen Tempel auf dieser Erde zu deiner Ehre.

3. Sonntag nach Trinitatis:
Mit offenen Armen

Lobe den Herrn, meine Seele,
und was in mir ist, seinen heiligen Namen!
Lobe den Herrn, meine Seele,
und vergiß nicht, was er dir Gutes getan hat:
der dir alle deine Sünde vergibt
und heilet alle deine Gebrechen,
der dein Leben vom Verderben erlöst,
der dich krönet mit Gnade und Barmherzigkeit,
der deinen Mund fröhlich macht,
und du wieder jung wirst wie ein Adler.
Der Herr schafft Gerechtigkeit und Recht
allen, die Unrecht leiden.
Er hat seine Wege Mose wissen lassen,
die Kinder Israel sein Tun.
Barmherzig und gnädig ist der Herr,
geduldig und von großer Güte.
Er wird nicht für immer hadern
noch ewig zornig bleiben.
Er handelt nicht mit uns nach unsern Sünden
und vergilt uns nicht nach unsrer Missetat.
Denn so hoch der Himmel über der Erde ist,
läßt er seine Gnade walten über denen, die ihn fürchten.
So fern der Morgen ist vom Abend,
läßt er unsre Übertretungen von uns sein.
Wie sich ein Vater über Kinder erbarmt,
so erbarmt sich der Herr über die, die ihn fürchten.

Aus Psalm 103

PSALM

Wo ist solch ein Gott, wie du bist, Herr, der die Sünden
vergibt und hält nicht fest an seinem Zorn ewiglich;
denn du bist barmherzig.

Denk nicht in deinem Herzen, du seist Gott gleichgültig,
nur weil deine Fragen bisher ohne Antwort blieben!
Schau auf die große Zahl der Möglichkeiten,
die noch unausgeschöpft blieben in deinem Leben bisher!
Du bist nicht für immer festgelegt auf deine Geschichte,
aus zerbrochenen Hoffnungen kann Zukunft wachsen.
Gott hat keine Freude am Scheitern deiner Pläne,
sondern wartet längst auf dich mit neuen Aufgaben.
Er hat ein Herz für die Last deiner Enttäuschungen
und einen langen Atem,
um auf das Ende deines Trotzens zu warten.
Er sagt nicht: Wie du mir, so ich dir!
Und er zwingt dich nicht, jede Suppe auszulöffeln.
Wie eine Mutter ihr Kind nicht leiden sehen kann,
so nimmt Gott die Folgen deines Tuns auf sich.

Wo ist solch ein Gott, wie du bist, Herr, der die Sünden
vergibt und hält nicht fest an seinem Zorn ewiglich;
denn du bist barmherzig.

GEBET

*Gott, Freund und Beschützer aller, die zu suchen aufgehört
und sich verloren gegeben haben: Gib, daß wir deinen ret-
tenden Ruf hören. Wir sehen auf Jesus, den Hirten, der das
verlorene Schaf sucht, auf dich, den Vater aller verlorenen
Söhne, und den Heiligen Geist, der das Licht ist für alle,
die den Weg nach Hause suchen, und beten dich an in deiner Herrlichkeit von Ewigkeit zu Ewigkeit.*

4. *Sonntag nach Trinitatis:*
Ehrlich und barmherzig

Wie der Hirsch lechzt nach frischem Wasser,
so schreit meine Seele, Gott, zu dir.
Meine Seele dürstet nach Gott,
nach dem lebendigen Gott.
Wann werde ich dahin kommen,
daß ich Gottes Angesicht schaue?
Meine Tränen sind meine Speise Tag und Nacht,
weil man täglich zu mir sagt: Wo ist nun dein Gott?
Daran will ich denken
und ausschütten mein Herz bei mir selbst:
wie ich einherzog in großer Schar,
mit ihnen zu wallen zum Hause Gottes
mit Frohlocken und Danken
in der Schar derer, die da feiern.
Was betrübst du dich, meine Seele,
und bist so unruhig in mir?
Harre auf Gott; denn ich werde ihm noch danken,
daß er meines Angesichts Hilfe und mein Gott ist.

AUS PSALM 42

PSALM

Wie der Hirsch lechzt nach frischem Wasser,
so schreit meine Seele, Gott, zu dir.
Meine Seele dürstet nach Gott,
nach dem lebendigen Gott.

Zu oft hat man mich vertröstet
mit dem toten Gott der richtigen Lehrmeinungen
und der ordnungsgemäßen Liturgien.

Zu oft hat man mich betrunken gemacht
mit dem süßen Met der frommen Gefühle
und der schamlosen Bekenntnisse.
Ich bin es satt, mich betäuben zu lassen,
die gelehrten Argumente der Traditionshüter,
sie können mir gestohlen bleiben.
Es muß einen Weg zur Quelle geben,
der nicht durch die stinkenden Kanäle
verwalteter Religion führt.
Ich darf mich nicht länger abspeisen lassen
von den Verfechtern angeblicher Sachzwänge,
die unaufhörlich murmeln: So ist das nun mal.
Wie der Hirsch lechzt nach frischem Wasser,
so schreit meine Seele, Gott, zu dir –
und ich fühle, wie schon dieser Schrei
der Anfang der Befreiung ist.

Wie der Hirsch lechzt nach frischem Wasser,
so schreit meine Seele, Gott, zu dir.
Meine Seele dürstet nach Gott,
nach dem lebendigen Gott.

GEBET

*Gott, du richtest, indem du aufrichtest, und sprichst Recht,
indem du zurechtrückst; wir möchten von dir lernen. Uns
gelingt es meistens nur, über Unrecht hinwegzusehen und
den Ärger darüber hinunterzuschlucken. Oder wir sagen
unverblümt die Wahrheit, aber sie verletzt nur und macht
den andern trotzig. Hilf uns, offen und barmherzig miteinander zu sein und Wahrheit und Liebe miteinander zu ver-
binden im Namen Jesu Christi, der mit dir in der Einheit
des Geistes lebt und regiert von Ewigkeit zu Ewigkeit.*

5. *Sonntag nach Trinitatis:*
Jesus auf der Spur bleiben

Ich bin doch täglich geplagt,
und meine Züchtigung ist alle Morgen da.
Dennoch bleibe ich stets an dir;
denn du hältst mich bei meiner rechten Hand,
du leitest mich nach deinem Rat
und nimmst mich am Ende mit Ehren an.
Wenn ich nur dich habe,
so frage ich nichts nach Himmel und Erde.
Wenn mir gleich Leib und Seele verschmachtet,
so bist du doch, Gott, allezeit
meines Herzens Trost und mein Teil.
Aber das ist meine Freude, daß ich mich zu Gott halte
und meine Zuversicht setze auf Gott den Herrn,
daß ich verkündige all dein Tun.

AUS PSALM 73

PSALM

So spricht der Herr: Ich will dich segnen, und du sollst ein
Segen sein.

Immer wieder diese Nachrichten,
die meinen Glauben Lügen strafen wollen,
wenn die Sinnlosigkeit menschlichen Leidens
so handgreiflich wird.
Immer wieder diese Erfahrung,
daß mein Vertrauen nicht trägt
und ich mich abhängig mache von den Versicherungen,
die auf den Zweifel setzen.

Und dennoch: Du hältst unbeirrt an mir fest,
lädst mich ein in dein Haus, als sei nichts gewesen.
Immer wieder diese schlaflosen Nächte,
wenn die Einsamkeit mich anfällt
und das Gefühl, überfordert zu sein, nicht weichen will.
Immer wieder diese Fragen, wie Gott sich auf Unheil reimt,
und ich weiß keine Antwort und spüre,
wie mein Schweigen sie doppelt schmerzt.
Und dennoch: Du nimmst mich täglich neu
in deinen Dienst;
gerade so einem, sagst du, traue ich zu,
von meiner Wahrheit zu zeugen.
Immer wieder diese kleinen Bequemlichkeiten,
die mich fragen lassen: Warum ich?
Und erst später wird mir bewußt,
was ich dem andern schuldig blieb.
Und dennoch: Du stufst mich nicht ein nach dem,
was ich leiste,
sondern mißt mich allein an der Menge der Arbeit,
die du mit mir hattest.

So spricht der Herr: Ich will dich segnen, und du sollst ein
Segen sein.

GEBET

*Wir kommen zu dir, Gott, weil wir mit unserer Weisheit
am Ende sind, weil wir meinten: Eins und eins sei zwei,
aber es war null. Schenke uns einen neuen Anfang, laß uns
erkennen, welcher Weg zum Ziel führt, und gib uns Kraft,
die unbequeme Wahrheit deines Auftrages zu tragen.
Durch unsern Herrn Jesus Christus, deinen Sohn, der mit
dir und dem Heiligen Geist lebt und regiert von Ewigkeit
zu Ewigkeit.*

6. *Sonntag nach Trinitatis:*
Mit Brief und Siegel – getauft

Herr, du erforschest mich und kennest mich.
Ich sitze oder stehe auf, so weißt du es;
du verstehst meine Gedanken von ferne.
Ich gehe oder liege, so bist du um mich
und siehst alle meine Wege.
Denn siehe, es ist kein Wort auf meiner Zunge,
das du, Herr, nicht schon wüßtest.
Von allen Seiten umgibst du mich
und hältst deine Hand über mir.
Diese Erkenntnis ist mir zu wunderbar und zu hoch,
ich kann sie nicht begreifen.
Deine Augen sahen mich,
als ich noch nicht bereitet war,
und alle Tage waren in dein Buch geschrieben,
die noch werden sollten und von denen keiner da war.
Erforsche mich, Gott, und erkenne mein Herz;
prüfe mich und erkenne, wie ich's meine.
Und sieh, ob ich auf bösem Wege bin,
und leite mich auf ewigem Wege.

AUS PSALM 139

PSALM

So spricht der Herr: Fürchte dich nicht,
denn ich habe dich erlöst,
ich habe dich bei deinem Namen gerufen, du bist mein.

Tröstliche, bergende Wärme strahlt mir entgegen
aus deinem Wort,
wenn mich meine Erfahrungen frösteln machen.

Vieles kann mir passieren, vor dem ich mich fürchte,
aber ich werde nicht aufhören, dir zu gehören.
Du hast mich geschaffen,
längst bevor ich anfing, nach dir zu fragen;
du verfolgst dein Ziel mit mir,
auch wenn ich lange aufgehört habe,
über den Sinn meines Lebens nachzudenken.
Ich weiß zwar nicht,
wie ich das alles zusammenbringen soll.
Mir wird schwindelig,
wenn ich auf mein kleines Leben schaue.
Am liebsten würde ich mich verkriechen
in den sanften Kissen meiner Gleichgültigkeit
oder mit den kleinen Freuden eines freien Wochenendes
ins Grüne fahren.
Aber du holst mich ein mit deinem Wort,
du verstellst mir die Flucht vor mir selbst und sagst zu mir:

Fürchte dich nicht, denn ich habe dich erlöst,
ich habe dich bei deinem Namen gerufen, du bist mein.

GEBET

*Ich bin getauft auf deinen Namen, Gott Vater, Sohn und
Heiliger Geist, du hast ein Zeichen an mir getan, das niemand wegnehmen kann. Hilf, daß wir, die Gemeinde der
Getauften, glaubwürdig Menschen auf dieses Zeichen
hinweisen und Kindern, Jugendlichen und Erwachsenen,
die wir in deinem Namen durch die Taufe in deine Gemeinde einfügen, ein Zuhause anbieten unter deinem
Wort. Wir wären so gern, was wir in deinen Augen schon
sind: Neugeboren durchs Wasser und den Heiligen Geist,
in dem du, unser Bruder Jesus Christus, eins bist mit dem
Vater in Ewigkeit.*

7. Sonntag nach Trinitatis:
Feiern und teilen

Danket dem Herrn; denn er ist freundlich,
und seine Güte währet ewiglich.
So sollen sagen, die erlöst sind durch den Herrn,
die er aus der Not erlöst hat,
die er aus den Ländern zusammengebracht hat
von Osten und Westen, von Norden und Süden.
Die irregingen in der Wüste, auf ungebahntem Wege,
und fanden keine Stadt, in der sie wohnen konnten,
die hungrig und durstig waren
und deren Seele verschmachtete,
die dann zum Herrn riefen in ihrer Not,
und er errettete sie aus ihren Ängsten
und führte sie den richtigen Weg,
daß sie kamen zur Stadt, in der sie wohnen konnten:
die sollen dem Herrn danken für seine Güte
und für seine Wunder,
die er an den Menschenkindern tut,
daß er sättigt die durstige Seele
und die Hungrigen füllt mit Gutem.

AUS PSALM 107

PSALM

Danket dem Herrn, denn er ist freundlich,
und seine Güte währet ewiglich.

Habt ihr sie schon vergessen, die Tage der Not,
als der Hunger dem Freund den Freund fraß
und der Mutter das Kind?

Habt ihr vergessen, wie klein dann auf einmal die Welt ist,
wie sie zusammenschrumpft auf eine Scheibe Brot
oder einen Teller Reis?
Habt ihr vergessen, was das für ein Erlebnis war,
sich satt zu essen –
wie schnell ist das wieder selbstverständlich geworden –
scheinbar.

Danket dem Herrn, denn er ist freundlich,
und seine Güte währet ewiglich.

Sagt Dank für die Freiheit von der Sorge:
Was werden wir essen, womit sollen wir uns kleiden?!
Sagt Dank dafür,
daß ihr am Geschick anderer teilnehmen könnt,
für die Fähigkeit zum Mitleid und die Kraft zu helfen.
Sagt Dank für die Erfahrung,
daß ihr nicht vom Brot allein lebt,
daß Gott eurem Dasein Sinn und Ziel gibt. Ja,

Danket dem Herrn, denn er ist freundlich,
und seine Güte währet ewiglich.

GEBET

*Lieber Vater im Himmel, du bist unser Schöpfer, du hast
uns gemacht, nicht wir selbst. Darum können wir auch
nur von dem leben, was du uns gibst. Wir hungern danach,
daß du das Brot mit uns brichst, daß du dich uns mitteilst
und uns teilen lehrst, damit alle sattwerden und alle teilha-
ben an deiner Menschenfreundlichkeit und Vatergüte.
Durch unsern Herrn Jesus Christus, der dankte, brach und
gab, das Brot und sich selbst, und damit ein Zeichen setzte
zwischen dir und uns in Ewigkeit.*

8. Sonntag nach Trinitatis:
Macht hell den Weg

Groß ist der Herr und hoch zu rühmen
in der Stadt unsres Gottes, auf seinem heiligen Berge.
Schön ragt empor der Berg Zion,
daran sich freut die ganze Welt.
Wie wir es gehört haben, so sehen wir es
an der Stadt des Herrn Zebaoth,
an der Stadt unsres Gottes:
Gott erhält sie ewiglich.
Gott, wir gedenken deiner Güte
in deinem Tempel.
Gott, wie dein Name, so ist auch dein Ruhm
bis an der Welt Enden.
Deine Rechte ist voll Gerechtigkeit.

AUS PSALM 48

PSALM

Kommt, laßt uns auf den Berg des Herrn gehen,
laßt uns wandeln in seinem Licht!

Du thronst nicht auf einem Berg wie die Götter,
welche die Menschen sich selber ausgedacht haben.
Du hast es nicht nötig, dich groß zu machen,
um denen, die ihren Kopf hoch tragen, zu imponieren.
Du fürchtest auch nicht, wir könnten dir zu nahe kommen
und dich am Ende deiner Allmacht berauben.
Nein, du willst nur, daß uns ein Licht aufgeht,
daß wir deine Wahrheit immer vor Augen haben.
Von deinem heiligen Haus soll Weisung ausgehen,
und was dort als Hoffnung aufstrahlt,

soll bis in die dunklen Täler der Angst hinunterleuchten.
Du lädst uns ein, zur Höhe deiner Güte hinaufzusteigen,
damit wir lernen, uns tief genug
zu unsern Geschwistern hinabzubeugen.
Und wie die Spitze des Berges am ersten berührt wird
vom Strahl der aufgehenden Sonne,
so soll deine Kirche von dem Licht künden,
das alle Welt erleuchten und wärmen wird.

Kommt, laßt uns auf den Berg des Herrn gehen,
laßt uns wandeln in seinem Licht!

GEBET

Wie gut, wenn einer Licht macht, wenn uns im Dunkeln graut! Wie schnell ist etwas gefunden, was am Abend verlorenging, wenn der neue Tag durchs Fenster lacht. Herr, du willst uns brauchen als Licht der Welt. Leuchte durch uns, daß wir sehen, wo man uns braucht, und unterscheiden, was deinem Willen dient oder nur unserer Eitelkeit. Laß unserer Liebe Flamme Kraft gewinnen aus dem Wort Jesu Christi, der mit dir in der Einheit des Heiligen Geistes lebt und regiert in Ewigkeit.

9. Sonntag nach Trinitatis:
Viel haben, viel verantworten

Hilf mir, Gott, durch deinen Namen
und schaffe mir Recht durch deine Kraft.
Gott, erhöre mein Gebet,
vernimm die Rede meines Mundes.
Denn Stolze erheben sich gegen mich,
und Gewalttäter trachten mir nach dem Leben;
sie haben Gott nicht vor Augen.
Siehe, Gott steht mir bei,
der Herr erhält mein Leben.
Denn du errettest mich aus aller meiner Not,
daß mein Auge auf meine Feinde herabsieht.

AUS PSALM 54

PSALM

Ich breite meine Fragen vor dir aus, Gott,
alle meine Zweifel und Ängste lege ich dir zu Füßen.

Wenn ich deinen Namen ausspreche, Herr,
bist du schon bei mir.
Denn du hast dich an deinen Namen gebunden,
wie sie den Gefangenen an die Eisenringe binden,
um ihn zu foltern.
Wehrlos hast du dich gemacht in deinem Namen,
schutzlos ausgeliefert dem brutalen Mißbrauch
der Menschen.
Und doch wächst dem unvermutet eine Kraft zu,
der sich auf diesen Namen beruft.
Wer ihn nicht schändet als fromme Tünche eigener Stärke,

sondern mit ihm ringt
in der unerbittlichen Ohnmacht des Gebets.
Der erfährt, was die Treue vermag, die Geduld zur Mutter
und zum Vater den Mut hat, nur der Liebe zu trauen.
Darum widerstehe ich den falschen Tröstungen,
die man mir bietet,
und verlasse mich allein auf deinen herrlichen Namen.

Ich breite meine Fragen vor dir aus, Gott,
alle meine Zweifel und Ängste lege ich dir zu Füßen.

GEBET

Herr, es fällt mir schwer zu unterscheiden zwischen der Sicherheit, die dein Versprechen zum Privatbesitz erklärt, und der Gewißheit, die sich auch in äußerster Not nicht beirren läßt: Laß uns in deinem Wort die Freiheit erkennen, die die Grundlage deiner Verheißung und die Kraft unseres Glaubens ist durch ihn, unsern Herrn Jesus Christus ...

10. *Sonntag nach Trinitatis:*
Israel, das erwählte Volk

Gott, warum verstößest du uns für immer
und bist so zornig über die Schafe deiner Weide?
Gedenke an deine Gemeinde,
die du vorzeiten erworben
und dir zum Erbteil erlöst hast,
an den Berg Zion, auf dem du wohnest.
Richte doch deine Schritte zu dem,
was so lange wüste liegt.
Der Feind hat alles verheert im Heiligtum.
Sie sprechen in ihrem Herzen:
Laßt uns sie ganz unterdrücken!
Sie verbrennen alle Gotteshäuser im Lande.
Unsere Zeichen sehen wir nicht, kein Prophet ist mehr da,
und keiner ist bei uns, der etwas weiß.
Ach, Gott, wie lange soll der Widersacher noch schmähen
und der Feind deinen Namen immerfort lästern?
Warum ziehst du deine Hand zurück?
Nimm deine Rechte aus dem Gewand und mach ein Ende!
Gedenke an den Bund;
denn die dunklen Winkel des Landes sind voll Frevel.
Laß den Geringen nicht beschämt davongehen,
laß die Armen und Elenden rühmen deinen Namen.

AUS PSALM 74

PSALM

Gottes Liebe ist Gnade; darum kann er nicht verstoßen.
Sein Bund mit Israel bleibt gültig, uns zugut.

Wenn ich spielerisch den warmen Sand
durch die Finger rinnen lasse und mir bewußt wird:

110

Selbst das ist noch kein brauchbares Bild
für den Abstand zwischen Mensch und Gott –
Herr, dann erschreckt mich der Gedanke,
daß du uns zu Partnern gewählt hast.
Wenn schon ein Sandkorn nicht Partner sein kann
für meine Hand, wieviel weniger sind wir es wert,
Partner zu sein in deinem Bund!
Und doch hat es dir gefallen,
Israel zu deinem geliebten Gegenüber zu erheben.
Laß unsere Ohren jetzt nicht taub werden
vom Schelten deines Zorns,
und laß unser Vertrauen nicht verschmachten
in der Dürre deiner Verborgenheit.
Bring dich in Erinnerung mit deiner Verheißung
und laß deine Treue in die dunklen Winkel
unserer Hoffnungslosigkeit strahlen!
Für alle Zukunft soll gelten:
Deiner Barmherzigkeit ist niemand zu gering.

Gottes Liebe ist Gnade; darum kann er nicht verstoßen.
Sein Bund mit Israel bleibt gültig, uns zugut.

GEBET

*Herr Gott, nur wenn wir die Liebe ermessen könnten, die
uns ins Leben und in deine Nähe rief, könnten wir den
Schmerz der Enttäuschung erahnen, den unser Ungehor-
sam dir bereitet. Hilf uns umkehren zu deiner Zusage und
neues Zutrauen gewinnen zu deiner Treue, in der du zu
uns hältst durch unsern Herrn Jesus Christus, der mit dir
und dem Heiligen Geiste lebt und regiert in Ewigkeit.*

11. Sonntag nach Trinitatis:
Wie wir Gott recht sind

Halleluja! Lobet, ihr Knechte des Herrn,
lobet den Namen des Herrn!
Gelobt sei der Name des Herrn
von nun an bis in Ewigkeit!
Vom Aufgang der Sonne bis zu ihrem Niedergang
sei gelobet der Name des Herrn!
Der Herr ist hoch über alle Völker;
seine Herrlichkeit reicht, so weit der Himmel ist.
Wer ist wie der Herr, unser Gott,
im Himmel und auf Erden?
Der oben thront in der Höhe,
der herniederschaut in die Tiefe,
der den Geringen aufrichtet aus dem Staube
und erhöht den Armen aus dem Schmutz,
daß er ihn setze neben die Fürsten,
neben die Fürsten seines Volkes.

AUS PSALM 113

PSALM

Vom Aufgang der Sonne bis zu ihrem Niedergang
sei gelobet der Name des Herrn.

Wo sollen wir dich hintun in unserer Welt, Gott?
Wo ist dein Platz in meinem Leben,
damit du zur Geltung kommst?
Gott gehört obenan, sagen sie mir.
Er ist der Höchste und steht über allen Mächten der Welt.
Aber dann gehen sie in ihren kleinen Alltag
und fühlen sich verlassen.
Sie machen sich klein,
wenn nach Verantwortung gerufen wird,
und sie drücken den Schwächeren nieder,
damit er seine Stimme nicht erheben kann.
Ich aber, Herr, entdecke dich im Angesicht
des gedemütigten Christus und erfahre von ihm,
daß du ein Gott von unten bist.
Wer sich zu den Kleinen herunterbeugt,
kniet vor deinem Thron,
und wer der Macht der Mächtigen spottet,
singt dir ein Loblied.

Vom Aufgang der Sonne bis zu ihrem Niedergang
sei gelobet der Name des Herrn.

GEBET

*Herr, unser Gott, du zeigst deine Macht vor allem darin,
daß du deiner Gerechtigkeit in den Arm fällst und den
Sünder verschonst. Wir bitten dich: Laß auch uns die ver-
ändernde Kraft deiner Gnade erfahren, damit wir uns und
andere annehmen können, wie du uns annimmst in deinem Sohn Jesus Christus, der mit dir . . .*

12. *Sonntag nach Trinitatis:*
Heilwerden und heilmachen

Halleluja! Lobet den Herrn!
Denn unsern Gott loben, das ist ein köstlich Ding,
ihn loben ist lieblich und schön.
Der Herr baut Jerusalem auf
und bringt zusammen die Verstreuten Israels.
Er heilt, die zerbrochenen Herzens sind,
und verbindet ihre Wunden.
Der Herr hat Gefallen an denen, die ihn fürchten,
die auf seine Güte hoffen.
Preise, Jerusalem, den Herrn;
lobe, Zion, deinen Gott!
Denn er macht fest die Riegel deiner Tore
und segnet deine Kinder in deiner Mitte.
Er schafft deinen Grenzen Frieden.

Aus Psalm 147

Psalm

Bei dir, Herr, ist die Quelle des Lebens,
und in deinem Licht sehen wir das Licht.

Ein Blinder kann nicht sehen
und darum andern nicht den Weg weisen.
Wem Gott nicht einleuchtet,
der kann andern ihre Finsternis nicht ausleuchten.
Aus der Unfähigkeit zu empfangen
wächst die Unfähigkeit zu schenken,
und wer nichts zu verschenken hat,
der hat auch bald keine Freunde mehr.
Diesen Teufelskreis der Einsamkeit hat Gott durchbrochen,

das Licht seiner Gnade durchdringt
die Vorhänge unserer Blindheit.
Er öffnet unsere Augen für die Wahrheit seiner Liebe
und schenkt neue Kraft,
die Wärme seiner Nähe widerzustrahlen.
Für stark und schwach setzt er neue Maßstäbe,
und der Friede geht von denen aus,
die am verwundbarsten sind.

Bei dir, Herr, ist die Quelle des Lebens
und in deinem Licht sehen wir das Licht.

GEBET

Herr Jesus Christus, du rufst uns, dir nachzufolgen, du brauchst viele Mitarbeiter; denn die Menschen, die blind und krank und hilflos am Rande deines Weges liegen, sind so viele. Tu unsre Ohren auf, wenn wir ihren Ruf nicht hören, öffne unsere Augen, wenn uns unsre selbstgewählten Lebensziele blind machen und richte uns auf, wenn uns die Last zu schwer wird. Nur so kann Bestand haben, was wir mitbauen an deinem Reich, dessen Kommen du angesagt hast und verbürgst durch dein Leiden, Sterben und Auferstehen, kraft dessen du eins bist mit dem Vater und dem Heiligen Geist von Ewigkeit zu Ewigkeit.

13. Sonntag nach Trinitatis:
Das Gute tun

Wohl dem, der barmherzig ist und gerne leiht
und das Seine tut, wie es recht ist!
Denn er wird ewiglich bleiben;
der Gerechte wird nimmermehr vergessen.
Vor schlimmer Kunde fürchtet er sich nicht;
sein Herz hofft unverzagt auf den Herrn.
Sein Herz ist getrost und fürchtet sich nicht,
bis er auf seine Feinde herabsieht.
Er streut aus und gibt den Armen;
seine Gerechtigkeit bleibt ewiglich.
Seine Kraft wird hoch in Ehren stehen.

AUS PSALM 112

Selig sind die Barmherzigen,
denn sie werden Barmherzigkeit erlangen.

Wohl dem, der keine moralische Vollkommenheit sucht,
schon gar nicht bei den andern;
der die Menschen mit den Augen Jesu anschaut,
mit den Augen des Erbarmens;
mit Augen, die nicht nur fotografieren, was ist,
sondern die eine Vision entwerfen, was werden kann.
Wer so mit seiner Umwelt umgeht,
wird auch selber nicht das Opfer seiner Prinzipien.
Als Getröstete kann sie trösten,
und als Begnadigter kann er Angst überwinden.
Sie streut Liebe aus,
wo die Gerechten nur Kälte säen,
und seine Saat erstickt im Unkraut dieser Welt nicht!

Selig sind die Barmherzigen,
denn sie werden Barmherzigkeit erlangen.

GEBET

Vater im Himmel, laß uns hören, was du sagst! Laß uns glauben, was wir hören! Laß uns erfahren, was wir glauben! Laß uns tun, was wir erfahren! Durch unsern Herrn Jesus Christus.

14. Sonntag nach Trinitatis:
Gott sei Dank

Halleluja! Lobe den Herrn, meine Seele!
Ich will den Herrn loben, solange ich lebe,
und meinem Gott lobsingen, solange ich bin.
Verlasset euch nicht auf Fürsten;
sie sind Menschen, die können ja nicht helfen.
Denn des Menschen Geist muß davon,
und er muß wieder zu Erde werden;
dann sind verloren alle seine Pläne.
Wohl dem, dessen Hilfe der Gott Jakobs ist,
der seine Hoffnung setzt auf den Herrn, seinen Gott,
der Himmel und Erde gemacht hat,
das Meer und alles, was darinnen ist;
der Treue hält ewiglich,
der Recht schafft denen, die Gewalt leiden,
der die Hungrigen speiset.
Der Herr macht die Gefangenen frei.
Der Herr macht die Blinden sehend.
Der Herr richtet auf, die niedergeschlagen sind.
Der Herr liebt die Gerechten.
Der Herr behütet die Fremdlinge
und erhält Waisen und Witwen;
aber die Gottlosen führt er in die Irre.
Der Herr ist König ewiglich,
dein Gott, Zion, für und für. Halleluja!

Psalm 146

Das ist ein köstlich Ding, dem Herrn danken,
und lobsingen deinem Namen, du Höchster.

Wohl dem, der sein Vertrauen auf Gott setzt,
und sich nicht Hoffnungen hingibt,
die am Ende doch trügen.
Menschen, auch starke, können nicht Halt sein auf Dauer,
gut, wer bedenkt, daß Menschenliebe begrenzt ist.
Acht' nicht gering die Liebe, die jemand dir schenkt,
Menschen, die lieben, geben sich selbst und noch mehr.
Brauch nicht als Vorwand die Grenzen, die dir gesetzt,
Menschen, die lieben,
überwinden die Angst vor dem Opfer.
Dennoch: Verlaß ist allein auf die Mutter der Liebe:
Gott ist's, der trägt, wenn unsere Kräfte erlahmen.
Halt dich an ihn! Und wo du nicht halten mehr kannst,
fängt er dich auf. Noch im Tod gehst du ihm nicht verloren.

Das ist ein köstlich Ding, dem Herrn danken,
und lobsingen deinem Namen, du Höchster!

GEBET

Herr Gott, im Lob deines Namens finden wir uns zusammen aus allen Freuden und Sorgen, aus denen wir kommen. Zu dir dürfen wir Vater sagen und uns vor dir als Schwestern und Brüder verstehen. Laß uns die Freiheit erkennen, die du uns als deinen Kindern schenkst, und hilf uns dankbar zu sein für das Wunder des Lebens. Durch unsern Herrn Jesus Christus, deinen Sohn, der mit dir und dem Heiligen Geist lebt und herrscht in Ewigkeit.

15. Sonntag nach Trinitatis:
Fürsorge statt Vorsorge

Herr, neige deine Ohren und erhöre mich;
denn ich bin elend und arm.
Bewahre meine Seele, denn ich bin dein.
Hilf du, mein Gott, deinem Knechte,
der sich verläßt auf dich.
Herr, sei mir gnädig;
denn ich rufe täglich zu dir.
Erfreue die Seele deines Knechts;
denn nach dir, Herr, verlangt mich.
Denn du, Herr, bist gut und gnädig,
von großer Güte allen, die dich anrufen.
Vernimm, Herr, mein Gebet
und merke auf die Stimme meines Flehens!
In der Not rufe ich dich an;
du wollest mich erhören!
Herr, es ist dir keiner gleich unter den Göttern,
und niemand kann tun, was du tust.
Alle Völker, die du gemacht hast, werden kommen
und vor dir anbeten, Herr, und deinen Namen ehren,
daß du so groß bist und Wunder tust
und du allein Gott bist.
Weise mir, Herr, deinen Weg,
daß ich wandle in deiner Wahrheit;
erhalte mein Herz bei dem einen,
daß ich deinen Namen fürchte.

AUS PSALM 86

PSALM

Weise mir, Herr, deinen Weg,
daß ich wandle in deiner Wahrheit.

Wenn ich anfange, über dich nachzudenken, Gott,
dann frage ich mich: Warum ist das so schwer?
Warum kommt mir das Bemühen, dir auf die Spur
zu kommen, wie eine nutzlose Kraftanstrengung vor?
Könnte ich sagen: Der Größte, der Stärkste, der Hilf-
reichste, der Barmherzigste – das könnte ich denken.
Aber keines unserer höchsten Güter reicht als Maßstab,
keiner der Götter, die wir gemacht haben, ist dir gleich.
Und doch – liegt nicht gerade darin das Rettende?
Ist es nicht diese Unvergleichlichkeit,
die mein Vertrauen trägt?
Ich möchte lernen, von dir alles zu erwarten,
weil du nicht in allem, sondern Herr über alles bist.
Ich möchte lernen, dir für alles zu danken, weil nichts
so klein ist, daß du es nicht wichtig nehmen könntest,
und nichts so groß, daß es dich verdrängen könnte.

Weise mir, Herr, deinen Weg,
daß ich wandle in deiner Wahrheit.

GEBET

*Herr, wir leben von dem, was wir durch Saat und Ernte
gewinnen. Aber wir leben auch davon, daß wir nicht alles
ernten, was wir gesät haben; keiner von uns könnte bestehen, wenn er für alles geradestehen müßte, was er ange-
richtet hat. Und keiner von uns hätte eine Zukunft, wenn
er nicht, wie die Vögel unter dem Himmel, immer wieder
aus deiner Hand empfinge, was er nicht gesät hat. Dafür
danken wir dir durch unsern Herrn Jesus Christus.*

16. Sonntag nach Trinitatis:
Gegen die Todesangst

Gott steht auf; so werden seine Feinde zerstreut,
und die ihn hassen, fliehen vor ihm.
Wie Rauch verweht, so verwehen sie;
wie Wachs zerschmilzt vor dem Feuer,
so kommen die Gottlosen um vor Gott.
Die Gerechten aber freuen sich und sind fröhlich vor Gott
und freuen sich von Herzen.
Singet Gott, lobsinget seinem Namen!
Macht Bahn dem, der durch die Wüste einherfährt;
er heißt Herr. Freuet euch vor ihm!
Ein Vater der Waisen und ein Helfer der Witwen
ist Gott in seiner heiligen Wohnung,
ein Gott, der die Einsamen nach Hause bringt,
der die Gefangenen herausführt, daß es ihnen wohlgehe.
Gelobt sei der Herr täglich.
Gott legt uns eine Last auf, aber er hilft uns auch.
Wir haben einen Gott, der da hilft,
und den Herrn, der vom Tode errettet.

AUS PSALM 68

PSALM

Singet Gott, lobsinget seinem Namen, halleluja!
Er schlug eine Bresche in die Mauern unserer Angst.
Halleluja!

Gute Nachricht für alle, die auf Gott warten!
Fröhlich sollen sein, die die Hoffnung nicht beiseite legten!
Den Frommen wird ihre Treue belohnt
und den Zweiflern ihr Unglaube nicht angerechnet.

Die Waisen haben endlich einen Vater
und die Schutzlosen einen, der ihnen Recht schafft.
Den Obdachlosen gibt er ein Zuhause,
und den Einsamen ist er ein Freund,
der für sie Zeit hat.
Die Vergeblichkeit des Müden wandelt er in Geduld
und die Sorge des Erschrockenen
in empfindsame Hingabe.
Liebe braucht sich nicht mehr zu beweisen,
und Gerechtigkeit lebt nicht mehr vom Erfolg.
Die Größe der Not rechtfertigt keine Zweifel mehr,
und unsere Hoffnung versetzt Berge von Rückschlägen.
Denn der am Kreuz verendet,
verspricht das Paradies für heute.

Singet Gott, lobsinget seinem Namen, halleluja!
Er schlug eine Bresche in die Mauern unserer Angst.
Halleluja!

GEBET

*Lieber Vater im Himmel, du hast uns Freiheit verspro-
chen: Freiheit von den Fesseln der Sünde, der Unterdrük-
kung, der Schmerzen und des Todes. Hilf uns begreifen,
daß deine Freiheit unteilbar ist, und laß uns die ersten
Schritte der Befreiung nicht zur Flucht aus der Wirklich-
keit nutzen, sondern zur Umkehr. Durch unsern Herrn
Jesus Christus ...*

17. Sonntag nach Trinitatis:
In der Kraft des Glaubens

Der Herr ist gut und gerecht;
darum weist er Sündern den Weg.
Er leitet die Elenden recht
und lehrt die Elenden seinen Weg.
Die Wege des Herrn sind lauter Güte und Treue
für alle, die seinen Bund und seine Gebote halten.
Um deines Namens willen, Herr,
vergib mir meine Schuld, die so groß ist!
Wer ist der Mann, der den Herrn fürchtet?
Er wird ihm den Weg weisen, den er wählen soll.
Er wird im Guten wohnen,
und sein Geschlecht wird das Land besitzen.
Der Herr ist denen Freund, die ihn fürchten;
und seinen Bund läßt er sie wissen.
Meine Augen sehen stets auf den Herrn;
denn er wird meinen Fuß aus dem Netze ziehen.

AUS PSALM 25

PSALM

Rufe mich an in der Not, spricht der Herr,
so will ich dich erretten, und du sollst mich preisen.

Nach dir, Gott, strecke ich mich aus,
ich sehne mich nach deiner Nähe.
Ich weiß, daß ich kein Recht habe, vor dich zu treten,
mein Vertrauen ist brüchig, und was ich geleistet,
der Rede nicht wert.
Aber daß die mich als Beweis anführen,
die dich für eine Erfindung von Schwachköpfen halten,
das kannst du nicht wollen.
Herr, ich glaube, hilf meinem Unglauben!
Durch Güte wendest du alles zum Guten
und durch Rechtfertigung des Sünders
schaffst du Gerechtigkeit.
Du bindest dich an deinen Bund
und hältst auch dem Treulosen die Treue.
Auch in Zweifel und Schuld behältst du uns im Auge.
Herr, ich glaube, hilf meinem Unglauben!

Rufe mich an in der Not, spricht der Herr,
so will ich dich erretten, und du sollst mich preisen.

GEBET

*Sprich das erlösende Wort, Herr, wir können das Elend
nicht mitansehen. Sprich das erlösende Wort, damit wir
freikommen von den Fesseln unserer Verstrickungen.
Sprich das erlösende Wort, daß wir einander freigeben
können aus den Erfahrungen, auf die wir uns festlegen,
und durch dich eine Gemeinde der Erlösten werden, die
dich, den dreieinigen Gott, lobt und preist in Ewigkeit.*

18. *Sonntag nach Trinitatis:*
Sorgfältig leben

Wohl dem, der nicht wandelt im Rat der Gottlosen
noch tritt auf den Weg der Sünder
noch sitzt, wo die Spötter sitzen,
sondern hat Lust am Gesetz des Herrn
und sinnt über seinem Gesetz Tag und Nacht!
Der ist wie ein Baum, gepflanzt an den Wasserbächen,
der seine Frucht bringt zu seiner Zeit,
und seine Blätter verwelken nicht.
Und was er macht, das gerät wohl.
Aber so sind die Gottlosen nicht,
sondern wie Spreu, die der Wind verstreut.
Darum bestehen die Gottlosen nicht im Gericht
noch die Sünder in der Gemeinde der Gerechten.
Denn der Herr kennt den Weg der Gerechten,
aber der Gottlosen Weg vergeht.

PSALM 1

PSALM

Laß dein Herz meine Worte aufnehmen
und halte meine Gebote,
so wirst du leben, spricht der Herr.

»Spiel nicht mit den Schmuddelkindern«, sagte man mir,
und ich spürte, wie meine Freunde auf einmal
nicht mehr meine Freunde waren.
Aber von dir höre ich, Herr:
Du hast die Gesellschaft der Zöllner und Sünder gesucht.
Du hast die Erfolgreichen gewarnt
und die Armen selig gepriesen –

und mir dämmert:
Ordnung ist nicht Ordnung und Gebot nicht Gebot.
Es ist nicht deine Ordnung,
wenn die Frommen sich abgrenzen
gegen die Ungläubigen,
aber mit den Mächtigen machen sie gemeinsame Sache.
Es entspricht nicht deinem Gebot,
wenn die Gerechten auf Abstand gehen
zu den Gestrauchelten,
aber den Reichen machen sie ein gutes Gewissen.
Weise uns, Herr, den Weg deiner Gebote
und erhalte uns in der Ordnung deiner Liebe!

Laß dein Herz meine Worte aufnehmen
und halte meine Gebote,
so wirst du leben, spricht der Herr.

GEBET

Herr Gott, Heiliger Geist, du kannst uns lehren, die Geister zu unterscheiden. Was wirklich wichtig ist und was sich nur in den Vordergrund drängt, was gut ist und was nur gut tut, was dem Frieden dient und was nur befriedigt. Wir brauchen deine Maßstäbe, damit wir nicht maßlos werden in unserm Wünschen und in unserm Tun und die breite Straße wählen, die ins Verderben führt. Das Geländer deiner Gebote hilft uns, auf dem schmalen Steg zu bleiben, der hinüberführt in das Reich Gottes, das ohne Ende ist in Ewigkeit.

19. Sonntag nach Trinitatis:
Mit Leib und Seele

Wohl dem, dem die Übertretungen vergeben sind,
dem die Sünde bedeckt ist!
Wohl dem Menschen,
dem der Herr die Schuld nicht zurechnet,
in dessen Geist kein Trug ist!
Denn als ich es wollte verschweigen,
verschmachteten meine Gebeine
durch mein tägliches Klagen.
Denn deine Hand lag Tag und Nacht schwer auf mir,
daß mein Saft vertrocknete, wie es im Sommer dürre wird.
Darum bekannte ich dir meine Sünde,
und meine Schuld verhehlte ich nicht.
Ich sprach: Ich will dem Herrn
meine Übertretungen bekennen.
Da vergabst du mir die Schuld meiner Sünde.
Der Gottlose hat viel Plage;
wer aber auf den Herrn hofft, den wird die Güte umfangen.
Freuet euch des Herrn und seid fröhlich, ihr Gerechten,
und jauchzet, alle ihr Frommen.

AUS PSALM 32

PSALM

Siehe, jetzt ist die Zeit der Gnade,
siehe, jetzt ist der Tag des Heils.

Herr, dir zu begegnen, das ist mein Wunsch,
alles in mir streckt sich aus nach dir.
Laß mich die Spur entdecken,
die dein Schritt in den Sand meines Lebens zeichnet.

Laß mich die Richtung erkennen,
in der es weitergehen soll.
Woher sonst soll mir Hilfe kommen als von dir,
darum richtet sich meine ganze Hoffnung auf dich.
Beurteile mich nicht nach meinem Versagen,
sondern allein nach dem, wozu du mich machen willst!
Auf dein Versprechen kann ich mich verlassen,
auf deine Zusage hin kann ich alles loslassen,
was zwischen uns steht.
Ich brauche mich nicht mehr an meine Gerechtigkeit
zu klammern
und kann mir meine Schuld eingestehen.
Darum bin ich fröhlich.
Darum kann ich trotz allem einstimmen in dein Lob.

Siehe, jetzt ist die Zeit der Gnade,
siehe, jetzt ist der Tag des Heils.

GEBET

*Gott, wir nennen dich allmächtig und denken dabei an ir-
gendwelche großen Fragen, die wir nicht begreifen oder
nicht beantworten können. Aber du willst deine Allmacht
von jeher gerade darin zeigen, daß du dich dem Kleinen
zuwendest und den Armen rettest. Laß uns darum deine
Allmacht nicht als Alibi benutzen, nichts zu hoffen und
nichts zu tun, sondern laß uns darin den Ruf und die Vollmacht erkennen, durch unsern Herrn Jesus Christus, der
mit dir in der Einheit des Heiligen Geistes lebt und regiert
von Ewigkeit zu Ewigkeit.*

20. Sonntag nach Trinitatis:
Die Ordnung für den Menschen

Ich verwehre meinem Fuß alle bösen Wege,
damit ich dein Wort halte.
Ich weiche nicht von deinen Ordnungen;
denn du lehrest mich.
Dein Wort ist meinem Munde
süßer als Honig.
Dein Wort macht mich klug;
darum hasse ich alle falschen Wege.
Dein Wort ist meines Fußes Leuchte
und ein Licht auf meinem Wege.
Ich schwöre und will's halten:
Die Ordnungen deiner Gerechtigkeit will ich bewahren.
Ich bin sehr gedemütigt;
Herr, erquicke mich nach deinem Wort!
Laß dir gefallen, Herr, das Opfer meines Mundes,
und lehre mich deine Ordnungen.

AUS PSALM 119

PSALM

Das Wort Gottes ist lebendig und kräftig
und ein Richter der Gedanken und Sinne des Herzens.

Meine Wege führen oft durchs Dunkle,
Angst und Versuchung sind meine Begleiter.
Wer hilft mir weiter, wenn ich die Hand
nicht vor Augen sehe?
Wie kann ich den Einflüsterungen meiner Verfolger
widerstehen?

Herr, dein Wort ist meines Fußes Leuchte
und ein Licht auf meinem Wege.
Du gibst mir Maßstäbe an die Hand,
Ziel und Richtung meines Weges zu bestimmen.
Du richtest mich auf,
wenn mich das Selbstmitleid zu Boden drückt,
und gibst meiner Seele neue Kraft.
Darum will ich nicht müde werden, dein Wort zu hören,
täglich will ich ihm mein Herz öffnen.
Was morgen sein wird, weiß ich nicht,
aber wenn du zu mir sprichst,
gibt es selbst im Tod einen neuen Anfang.
Herr, dein Wort ist meines Fußes Leuchte
und ein Licht auf meinem Wege.

Das Wort Gottes ist lebendig und kräftig
und ein Richter der Gedanken und Sinne des Herzens.

Gebet

Gott, Vater aller guten Ordnung und Mutter aller gerechten Freiheit, auf dich berufen wir uns, wenn wir uns als Frauen und Männer für eine Kirche einsetzen, die von deinem Geist regiert wird. Gib, daß in unserer Gemeinschaft das Gesetz für den Menschen da ist und nicht umgekehrt. Bewahre uns davor, das Evangelium zu verdunkeln, das allen deinen Geschöpfen die Freiheit der Kinder Gottes verheißt. Wir bitten dich durch unsern Herrn Jesus Christus, der mit dir und dem Heiligen Geist lebt und regiert von Ewigkeit zu Ewigkeit.

21. Sonntag nach Trinitatis:
Für den Frieden streiten

Die Furcht des Herrn ist rein und bleibt ewiglich.
Die Rechte des Herrn sind Wahrheit, allesamt gerecht.
Sie sind köstlicher als Gold und viel feines Gold,
sie sind süßer als Honig und Honigseim.
Auch läßt dein Knecht sich durch sie warnen;
und wer sie hält, der hat großen Lohn.
Wer kann merken, wie oft er fehlet?
Verzeihe mir die verborgenen Sünden!
Bewahre auch deinen Knecht vor den Stolzen,
daß sie nicht über mich herrschen;
so werde ich ohne Tadel sein
und rein bleiben von großer Missetat.
Laß dir wohlgefallen die Rede meines Mundes
und das Gespräch meines Herzens vor dir,
Herr, mein Fels und mein Erlöser.

Aus Psalm 19

Psalm

Der Herr gibt dem Müden Kraft
und Stärke genug dem Unvermögenden.

Manchmal glaube ich, ich glaube,
und manchmal verlischt schon
der kleinste Hoffnungsfunke.
Manchmal kann ich mich darauf verlassen,
daß auf dich Verlaß ist.
Und dann komme ich mir wieder
von allem und allen verlassen vor.

Manchmal fühle ich mich denen überlegen,
die so überlegen grinsen, wenn es um den Glauben geht.
Und dann ertappe ich mich wieder
bei der Überlegung,
ob ich nicht doch aufs falsche Pferd
gesetzt habe.
Du brauchst nicht an deinen Glauben zu glauben,
sagt Gott.
Dein Glaube ist wie dein Schatten.
Wenn der Himmel wolkenlos ist, siehst du ihn,
und wenn sich die Sonne hinter Wolken verbirgt,
siehst du ihn nicht.
Und doch scheint die Sonne
und gibt dir und der ganzen Welt Wärme und Licht.
Darum: suche nicht deinen Schatten, suche das Leben;
denn mitten im Leben findest du mich!

Der Herr gibt dem Müden Kraft
und Stärke genug dem Unvermögenden.

GEBET

Frieden ist nur gut, wenn er nicht zu Lasten der Armen geht, Herr. Eine Waffenruhe, die nur den Wohlstand der Reichen sichert, ist kein Friede, wie du ihn willst. Schenke uns einen kämpferischen Glauben, der sich nicht heraushält aus den Konflikten dieser Welt. Schenke uns ein Vertrauen, das unsern Feinden mehr zutraut als ihre Feindschaft und das sie zu Freunden gewinnen will. Wir bitten dich im Namen dessen, der uns das Gebot der Nächstenliebe neu verstehen lehrte, unserm Herrn Jesus Christus, der mit dir und dem Heiligen Geist lebt und regiert in Ewigkeit.

22. *Sonntag nach Trinitatis:*
Versagen und vergeben

Herr, erhöre mein Gebet, vernimm mein Flehen
um deiner Treue willen,
erhöre mich um deiner Gerechtigkeit willen,
und geh nicht ins Gericht mit deinem Knecht;
denn vor dir ist kein Lebendiger gerecht.
Denn der Feind verfolgt meine Seele
und schlägt mein Leben zu Boden,
er legt mich ins Finstere wie die, die lange schon tot sind.
Ich denke an die früheren Zeiten;
ich sinne nach über all deine Taten
und spreche von den Werken deiner Hände.
Ich breite meine Hände aus zu dir,
meine Seele dürstet nach dir wie ein dürres Land.
Herr, erhöre mich bald, mein Geist vergeht;
verbirg dein Antlitz nicht vor mir,
daß ich nicht gleich werde denen,
die in die Grube fahren.
Laß mich am Morgen hören deine Gnade;
denn ich hoffe auf dich.
Tu mir kund den Weg, den ich gehen soll;
denn mich verlangt nach dir.
Errette mich, mein Gott, von meinen Feinden;
zu dir nehme ich meine Zuflucht.
Lehre mich tun nach deinem Wohlgefallen,
denn du bist mein Gott;
dein guter Geist führe mich auf ebner Bahn.

AUS PSALM 143

In Christus haben wir die Erlösung durch sein Blut,
die Vergebung der Sünden durch seine Gnade.

Ich kann nicht mehr, Gott, weiß nicht aus noch ein.
Wie konnte es so weit mit mir kommen!?
Am Anfang war es nicht mehr als eine harmlose Frage:
Wo steht, daß das verboten ist?
Aber was wie die Stimme eines Freundes klang,
war in Wahrheit die Stimme des Menschenfeindes.
Ich kann mich nicht wehren.
Und ich kann dich nicht um Hilfe rufen, Gott;
denn ich fürchte, dein Zorn wird mich vernichten.
Und doch habe ich Sehnsucht nach dir,
wie die Wüste Sehnsucht hat nach Wasser.
Laß mich nicht verschmachten in meiner Ausweglosigkeit;
Gott, sei mir Sünder gnädig!
Du richtest doch, um Recht zu schaffen
und den aufzurichten, der am Boden liegt.
Darum will ich mich zu meiner Sünde bekennen
und meine Schuld nicht länger verschweigen.

In Christus haben wir die Erlösung durch sein Blut,
die Vergebung der Sünden durch seine Gnade.

GEBET

Gerechter Gott, barmherziger Vater, du vergibst uns unsere Schuld. Öffne unser Herz für die unbegreifliche Geduld, die du uns erweist, damit wir geduldiger werden mit unsern Schwachheiten. Nur so kann ja in uns die Kraft wachsen, den andern in seiner Schwachheit zu tragen und ihm seine Schuld zu vergeben. Wir bitten dich durch unsern Herrn Jesus Christus, der mit dir und dem Heiligen Geist lebt und regiert von Ewigkeit zu Ewigkeit.

23. Sonntag nach Trinitatis:
Gebt dem Kaiser nicht, was Gott gehört

Der Herr schaut vom Himmel
und sieht alle Menschenkinder.
Von seinem festen Thron sieht er auf alle,
die auf Erden wohnen.
Er lenkt ihnen allen das Herz,
er gibt acht auf alle ihre Werke.
Einem König hilft nicht seine große Macht;
ein Held kann sich nicht retten durch seine große Kraft.
Rosse helfen auch nicht; da wäre man betrogen;
und ihre große Stärke errettet nicht.
Siehe, des Herrn Auge achtet auf alle, die ihn fürchten,
die auf seine Güte hoffen,
daß er sie errette vom Tode
und sie am Leben erhalte in Hungersnot.
Unsre Seele harrt auf den Herrn;
er ist uns Hilfe und Schild.
Denn unser Herz freut sich seiner,
und wir trauen auf seinen heiligen Namen.
Deine Güte, Herr, sei über uns,
wie wir auf dich hoffen.

AUS PSALM 33

PSALM

Seid stark in dem Herrn und in der Macht seiner Stärke;
denn wir haben nicht mit Fleisch und Blut zu kämpfen,
sondern mit den bösen Geistern unter dem Himmel.

Manchmal ist es dunkel in meinem Herzen,
und kein Licht leuchtet auf dem Weg, den ich gehen soll.

Ich möchte mich verkriechen wie ein Kind,
fliehen vor dem Unbekannten,
das ich nicht benennen kann.
Dagegen kommst du niemals an, flüstert eine Stimme,
du bist verloren, hoffnungslos verloren.
Aber dann ist da plötzlich eine zweite Stimme,
die hält der ersten entgegen:
Wie kann einer in Gottes Reich verloren sein,
wo er, Christus, gerade die Verlorenen zu suchen
und zu retten gekommen ist!?
Was können dir die Mächtigen dieser Welt anhaben,
wenn der auf deiner Seite steht,
dem diese Welt eigentlich gehört!?
Daß du ihn nicht finden kannst,
hebt doch nicht auf, daß er dich sucht. Darum:

Seid stark in dem Herrn und in der Macht seiner Stärke;
denn wir haben nicht mit Fleisch und Blut zu kämpfen,
sondern mit den bösen Geistern unter dem Himmel.

GEBET

*Die Herren dieser Welt kommen und gehen; unser Herr
kommt. Dieses zu sagen und zu bekennen, ist das eine, guter Gott, aber danach zu leben, das ist etwas anderes. Hilf
uns, die notwendigen Entscheidungen zu treffen, auch
wenn uns das nicht nur Beifall einbringt. Lehre uns den
Augenblick erkennen, wann ja und wann nein gesagt werden muß, und laß es nicht aus Eigensucht, sondern aus
Glauben geschehen. Durch unsern Herrn Jesus Christus,
deinen Sohn, der mit dir in der Einheit des Geistes lebt und
herrscht in Ewigkeit.*

24. Sonntag nach Trinitatis:
Grenzen achten

»Herr, lehre mich doch,
daß es ein Ende mit mir haben muß
und mein Leben ein Ziel hat und ich davon muß.
Siehe, meine Tage sind eine Handbreit bei dir,
und mein Leben ist wie nichts vor dir.
Wie gar nichts sind alle Menschen,
die doch so sicher leben!
Sie gehen daher wie ein Schatten
und machen sich viel vergebliche Unruhe;
sie sammeln und wissen nicht, wer es einbringen wird.«
Nun, Herr, wessen soll ich mich trösten?
Ich hoffe auf dich.

AUS PSALM 39

PSALM

Dazu ist Christus gestorben
und wieder lebendig geworden,
daß er über Tote und Lebende Herr sei.

Herr, lehre mich auf meine Grenzen achten,
auf die Grenzen meiner Kraft,
auf die Grenzen meiner Ansprüche,
auf die Grenzen, die meinem Leben gesetzt sind.
Denn nur, wenn ich meine Grenzen nicht überschreite,
werde ich die Möglichkeiten meines Lebens ausschöpfen.
Wie oft fangen wir etwas an
und denken nicht darüber nach, wer die Folgen tragen soll.
Merkwürdig, wie sicher wir uns manchmal sind,
mitten in aller erkennbaren Unsicherheit.

Hilf mir, Gott, in meinem Leben mit dir zu rechnen,
damit ich auch meinen Tod aus deiner Hand nehmen kann.
Hilf mir, meine Grenzen als Schutzzäune zu begreifen,
die den Freiraum umreißen, in dem du mich leben läßt.

Dazu ist Christus gestorben
und wieder lebendig geworden,
daß er über Tote und Lebende Herr sei.

GEBET

Herr Jesus Christus, du bist die Auferstehung und das Leben und hast durch deinen Sieg den Tod zu einem Schlaf gemacht, dem du in deiner Freiheit Anfang und Ende setzt. Wir bitten dich: Gib uns offene Augen für die Zeit des Wachens, damit wir dem Leben nicht im Weg stehen. Und laß uns mit der Gewißheit einschlafen, daß der neue Tag dein Tag sein wird, an dem du uns von neuem in deinen Dienst rufst. Der du mit dem Vater und dem Heiligen Geist lebst und regierst von Ewigkeit zu Ewigkeit.

Drittletzter Sonntag im Kirchenjahr:
Wachet und betet

Herr, du bist unsre Zuflucht für und für.
Ehe denn die Berge wurden
und die Erde und die Welt geschaffen wurden,
bist du, Gott, von Ewigkeit zu Ewigkeit.
Der du die Menschen lässest sterben
und sprichst: Kommt wieder, Menschenkinder!
Denn tausend Jahre sind vor dir wie der Tag,
der gestern vergangen ist,
und wie eine Nachtwache.
Das macht dein Zorn, daß wir so vergehen,
und dein Grimm, daß wir so plötzlich dahin müssen.
Darum fahren alle unsre Tage dahin durch deinen Zorn,
wir bringen unsre Jahre zu wie ein Geschwätz.
Unser Leben währet siebzig Jahre,
und wenn's hoch kommt, so sind's achtzig Jahre,
und was daran köstlich scheint,
ist doch nur vergebliche Mühe;
denn es fähret schnell dahin,
als flögen wir davon.
Lehre uns bedenken, daß wir sterben müssen,
auf daß wir klug werden.
Fülle uns frühe mit deiner Gnade,
so wollen wir rühmen und fröhlich sein unser Leben lang.

AUS PSALM 90

PSALM

Manchmal, wenn mich meine Verpflichtungen
in die Enge treiben
und die Angst zu versagen mir die Kehle zuschnürt,

wenn mir der Sinn meines Daseins
wie Wasser durch die Finger rinnt
und die Öde des Todes mich aus allen Winkeln angrinst,
wenn der Trost biblischer Wahrheit schal schmeckt
und die betenden Lippen schon an der Anrede scheitern –
dann werfe ich mich dir in die Arme, Gott, blindlings,
wie ein weinendes Kind in die Arme der Mutter stürzt –
eigenartige Mischung
aus verzweifeltem Absprung ins Leere
und entschlossenem Rückzug
auf die uneinnehmbare Bastion.
Und wie die Mutter nicht fragt:
Ist es Liebe oder Verzweiflung?,
sondern tröstend das zitternde Kind umfängt,
so weist du mich nicht ab, Herr,
sondern hältst mich, damit ich nicht noch tiefer falle.
Hilf mir auch heute auf diese Erfahrung zu bauen,
daß ich nicht weiter den Stimmen des Zweifels
Gehör schenke!
Tritt in die offene Tür, ich fürcht' sonst die Umkehr!
Nur wenn dein Licht mir leuchtet, sehe ich den Weg.
Zuversicht geht mir zur Seite, die Angst ist verflogen,
leicht wird der Fuß auf der Straße, die heimführt.

GEBET

Herr Jesus Christus, du hast die Todesangst ertragen und dadurch das Leben gewonnen. Befreie uns von der Sorge, die Grenze zwischen Glück und Unglück könnte die Mauer sein, an der dein Machtbereich endet. Laß uns nicht abdriften in den Strömungen wechselnder Zeitgeister, sondern senke den Anker unseres Vertrauens in den ewigen Grund deines Erbarmens, der du mit dem Vater und dem Heiligen Geist lebst und regierst von Ewigkeit zu Ewigkeit.

Vorletzter Sonntag im Kirchenjahr:
Christus, die letzte Instanz

Gott, der Herr, der Mächtige, redet und ruft der Welt zu
vom Aufgang der Sonne bis zu ihrem Niedergang.
Aus Zion bricht an der schöne Glanz Gottes.
Unser Gott kommt und schweiget nicht.
Fressendes Feuer geht vor ihm her
und um ihn her ein mächtiges Wetter.
Er ruft Himmel und Erde zu,
daß er sein Volk richten wolle:
»Versammelt mir meine Heiligen,
die den Bund mit mir schlossen beim Opfer.«
Und die Himmel werden seine Gerechtigkeit verkünden;
denn Gott selbst ist Richter.
»Opfere Gott Dank
und erfülle dem Höchsten deine Gelübde
und rufe mich an in der Not,
so will ich dich erretten, und du sollst mich preisen.«

AUS PSALM 50

PSALM

Gott wird den Erdkreis richten mit Gerechtigkeit
und die Völker mit seiner Wahrheit.

Weil ihm an seinem Volk gelegen ist,
den Kindern seiner Gnade, die er berufen hat,
weil er ihnen Recht verschaffen will gegen ihre Spötter
und ihre Gerechtigkeit prüfen, ob sie echt ist,
darum wird Gott seine Schöpfung zusammenrufen,
wie er sie einmal ausgesandt hat.
Sonnensysteme und Milchstraßen
werden auf ihren Ausgangspunkt zurückkehren,
und die Menschen werden aus allen Teilen der Welt
vor den Thron des Herrn treten.
Dann wird nicht Macht und Glanz gelten,
nicht Frömmigkeit und Moral,
dann gilt nur dieses: Was hast du getan
meinem Bruder, dem geringsten?

Gott wird den Erdkreis richten mit Gerechtigkeit
und die Völker mit seiner Wahrheit.

GEBET

Unser Vater, Herr und Richter der Welt, wecke unsre müden und trägen Herzen auf durch deinen Geist, damit wir Herr werden über alles, was uns niederdrückt, und bereit zu deinem Dienst, auch wenn wir Zweifel an unserer Tauglichkeit haben. Wir berufen uns auf unsern Herrn Jesus Christus, der mit dir und dem Heiligen Geist lebt und regiert von Ewigkeit zu Ewigkeit.

Buß- und Bettag:
Das Recht, ein anderer zu werden

Aus der Tiefe rufe ich, Herr, zu dir.
Herr, höre meine Stimme!
Laß deine Ohren merken auf die Stimme meines Flehens!
Wenn du, Herr, Sünden anrechnen willst –
Herr, wer wird bestehen?
Denn bei dir ist die Vergebung,
daß man dich fürchte.
Ich harre des Herrn, meine Seele harret,
und ich hoffe auf sein Wort.
Meine Seele wartet auf den Herrn
mehr als die Wächter auf den Morgen;
mehr als die Wächter auf den Morgen
hoffe Israel auf den Herrn!
Denn bei dem Herrn ist die Gnade
und viel Erlösung bei ihm.
Und er wird Israel erlösen
aus allen seinen Sünden.

PSALM 130

PSALM

Wenn du mit uns abrechnen wolltest,
Herr, wer könnte bestehen?

Aus der Tiefe rufe ich, Herr, zu dir.
Hörst du meine Stimme?
Höre mich nicht nur,
wenn ich mit wohlgesetzten Worten zu dir bete.
Höre auch die Hilferufe,
die aus Angst ungesagt bleiben.

Wenn du anfingest, mir vorzurechnen,
welche Gebote ich übertreten habe,
welche Taten der Liebe ich allein an diesem Tag
schuldig blieb,
Herr, wie könnte ich bestehen?
Aber du willst meinen Schuldschein zerreißen
und mein altes belastetes Gewissen wegnehmen.
Du willst nicht auf deinem Recht bestehen,
mich anzuklagen,
sondern auf deinem Entschluß, mich zu lieben.
Sollte ich deshalb gering von dir denken?
Sollte ich meine Schuld leichtnehmen
und deine Vergebung einkalkulieren ·
wie einen fälligen Kredit?
Bewahre mich vor solcher Verblendung
und vor dem Wahn, dein Wort ungestraft übergehen
oder mißbrauchen zu können.

Wenn du mit uns abrechnen wolltest,
Herr, wer könnte bestehen?

GEBET

*Herr Gott, himmlischer Vater, du hast keine Freude an der
gerechten Bestrafung des Schuldigen. Du hast Mitleid mit
ihm wie mit einem Kranken und willst ihn heilen. Darum
haben wir es gewagt, heute hierher zu kommen. Heile unser Gewissen und schenke uns die Kraft, nach deinem Willen zu leben und die Schuld anderer zu heilen durch unsern
Herrn Jesus Christus.*

Letzter Sonntag im Kirchenjahr:
Neuer Himmel – neue Erde

Wenn der Herr die Gefangenen Zions erlösen wird,
so werden wir sein wie die Träumenden.
Dann wird unser Mund voll Lachens
und unsre Zunge voll Rühmens sein.
Dann wird man sagen unter den Heiden:
Der Herr hat Großes an ihnen getan!
Der Herr hat Großes an uns getan;
des sind wir fröhlich.
Herr, bringe zurück unsre Gefangenen,
wie du die Bäche wiederbringst im Südland.
Die mit Tränen säen,
werden mit Freuden ernten.
Sie gehen hin und weinen
und streuen ihren Samen
und kommen mit Freuden
und bringen ihre Garben.

PSALM 126

PSALM

Gott, deine Ewigkeit setzt unserm Leben Maß und Ziel.
Bei dir ist Leben in Fülle.

Als der Herr die Tore meines Gefängnisses öffnete
und die Angst von mir abfiel wie ein Alptraum,
da meinte ich zuerst, nun erst recht zu träumen,
die Erleichterung wollte mich fast zerreißen.
Glück haben Sie gehabt, sagten die Leute,
und ich sagte: Ja – und dachte an dich, Herr.

Aber nun sind die Tore wieder verschlossen,
und in meiner Erinnerung droht die Befreiung
als schöner Traum zu verblassen.
Darum komm und mach dein Versprechen wahr,
daß die mit Tränen säen,
mit Freuden ernten werden.

Gott, deine Ewigkeit setzt unserm Leben Maß und Ziel.
Bei dir ist Leben in Fülle.

GEBET

Irgendwann wird es um die Ewigkeit gehen, Herr, ich weiß. Und gut ist, daß dann alle ihre Karten auf den Tisch legen müssen. Aber ob sie auch alle wissen, wie dann gezählt wird? Oder wird sich dann herausstellen, daß wir nach falschen Regeln gespielt haben? Daß wir meinten, vor dir zähle, wer's zu was gebracht hat oder wer unermüdlich für die Seinen da war oder wer's nie leicht gehabt hat. Dabei fragst du nur, ob wir wenigstens einmal Christus in seinem geringsten Bruder wie einen Bruder bei uns aufnahmen – wenigstens einmal. Ob wir also zugelassen haben, daß du uns wirklich nahekamst durch unsern Herrn Jesus Christus, der mit dir und dem Heiligen Geist lebt und regiert von Ewigkeit zu Ewigkeit.

Kirchweihfest:
Bei Gott zu Hause

Wie lieb sind mir deine Wohnungen, Herr Zebaoth!
Meine Seele verlangt und sehnt sich nach den
Vorhöfen des Herrn;
mein Leib und Seele freuen sich in dem lebendigen Gott.
Der Vogel hat ein Haus gefunden
und die Schwalbe ein Nest für ihre Jungen –
deine Altäre, Herr Zebaoth, mein König und mein Gott.
Wohl denen, die in deinem Hause wohnen;
die loben dich immerdar.
Wenn sie durchs dürre Tal ziehen,
wird es ihnen zum Quellgrund,
und Frühregen hüllt es in Segen.
Sie gehen von einer Kraft zur andern
und schauen den wahren Gott in Zion.
Herr, Gott Zebaoth, höre mein Gebet;
vernimm es, Gott Jakobs!
Gott, unser Schild, schaue doch;
sieh doch an das Antlitz deines Gesalbten!
Denn ein Tag in deinen Vorhöfen
ist besser als sonst tausend.
Ich will lieber die Tür hüten in meines Gottes Hause
als wohnen in der Gottlosen Hütten.
Denn Gott der Herr ist Sonne und Schild;
der Herr gibt Gnade und Ehre.
Er wird kein Gutes mangeln lassen den Frommen.
Herr Zebaoth, wohl dem Menschen,
der sich auf dich verläßt!

AUS PSALM 84

Wohl denen, die in deinem Hause wohnen, Herr Zebaoth,
die loben dich immerdar.

Es ist mir lieb, Herr, dein Haus,
ein Ort der Zuflucht und des Gebets.
Die schlichte Stille tut mir gut,
und mein zerrissenes Herz beginnt zu heilen.
Wie die Dohlen im Kirchturm ihr Nest bauen,
so finde ich ein Zuhause an deinem Altar.
Das Licht deines Wortes ist uns nötiger
als flüchtige Sonnenstrahlen
und der Schutz deines Friedens bergender
als Panzer und Raketen.
Darum will ich lieber den Schmutz zusammenkehren
vor der Tür deines Hauses
als mein Penthouse aufschlagen
auf den babylonischen Türmen der Gottesferne.

Wohl denen, die in deinem Hause wohnen, Herr Zebaoth,
die loben dich immerdar.

GEBET

*Herr Gott, himmlischer Vater, du brauchst keine heiligen
Orte, um uns zu begegnen; wir können deine Gegenwart
auf Schritt und Tritt erfahren. Aber damit wir die Gemeinschaft mit dir und die Gemeinschaft untereinander nicht
unterschiedlich gewichten und auseinanderreißen, darum
wählst du dir ein Haus in unserer Mitte. Wir bitten dich:
Erhalte uns die lebendige Verkündigung deines Evangeliums, damit wir uns nicht verirren im Dickicht der Zeitgeister, sondern allein nachfolgen deinem Sohn Jesus
Christus, unserm Herrn, der mit dir und dem Heiligen
Geist lebt und regiert von Ewigkeit zu Ewigkeit.*

Erntedankfest:
Säen und ernten

Lobe den Herrn, meine Seele!
Herr, mein Gott, du bist sehr herrlich;
du bist schön und prächtig geschmückt.
Du lässest Wasser in den Tälern quellen,
daß sie zwischen den Bergen dahinfließen,
daß alle Tiere des Feldes trinken
und das Wild seinen Durst lösche.
Darüber sitzen die Vögel des Himmels
und singen unter den Zweigen.
Du feuchtest die Berge von oben her,
du machst das Land voll Früchte, die du schaffest.
Du lässest Gras wachsen für das Vieh
und Saat zu Nutz den Menschen,
daß du Brot aus der Erde hervorbringst,
daß der Wein erfreue des Menschen Herz
und sein Antlitz schön werde vom Öl
und das Brot des Menschen Herz stärke.
Es warten alle auf dich,
daß du ihnen Speise gebest zur rechten Zeit.
Wenn du ihnen gibst, so sammeln sie;
wenn du deine Hand auftust,
so werden sie mit Gutem gesättigt.
Verbirgst du dein Angesicht, so erschrecken sie;
nimmst du weg ihren Odem,
so vergehen sie und werden wieder Staub.
Du sendest aus deinen Odem, so werden sie geschaffen,
und du machst neu die Gestalt der Erde.

AUS PSALM 104

Herr, wie sind deine Werke so groß und viel. Du hast sie alle weise geordnet, und die Erde ist voll deiner Güter.

Herr, unser Gott, wie bist du so groß,
wie wunderbar ist alles, was du schaffst.
Du hast die Erde gemacht, damit wir festen Grund
unter den Füßen haben, und das Meer,
damit die Fische miteinander spielen können.
Du läßt es regnen, damit niemand dursten muß,
und das Korn reifen, unsern Hunger damit zu stillen.
Alle deine Geschöpfe warten auf dich,
denn sie leben von deiner Liebe und Treue.
Du hast uns Menschen ins Leben gerufen,
deine Erde zu bebauen und zu bewahren.
Du traust uns zu, deine Gaben einzusammeln
und sie gerecht an alle auszuteilen.

Herr, wie sind deine Werke so groß und viel. Du hast sie alle weise geordnet, und die Erde ist voll deiner Güter.

GEBET

Großer Gott, guter Vater allen Lebens, wir bringen dir die Ernte unseres Feldes und den Erfolg unserer Arbeit. Was uns daraus zum Segen wird, ist dein Geschenk, und was sich daraus als Aufgabe stellt, ist dein Auftrag. Wir möchten gern mit ungeteiltem Herzen danken können, aber wir möchten auch hoffnungsvoll in die Zukunft blicken. Laß uns nicht allein mit unsern Sorgen, sondern öffne unser Ohr neu für deinen Auftrag, unser Auge für die Schwester und den Bruder, die Not leiden, und unsere Hand für das Brot, das geteilt werden will. Durch unsern Herrn Jesus Christus, der mit dir und dem Heiligen Geist lebt und regiert von Ewigkeit zu Ewigkeit.

Reformationsfest:
Die Freiheit zu glauben

Gott ist unsre Zuversicht und Stärke,
eine Hilfe in den großen Nöten, die uns getroffen haben.
Darum fürchten wir uns nicht,
wenngleich die Welt unterginge
und die Berge mitten ins Meer sänken,
wenngleich das Meer wütete und wallte
und von seinem Ungestüm die Berge einfielen.
Dennoch soll die Stadt Gottes fein lustig bleiben
mit ihren Brünnlein,
da die heiligen Wohnungen des Höchsten sind.
Gott ist bei ihr drinnen, darum wird sie fest bleiben;
Gott hilft ihr früh am Morgen.
Die Heiden müssen verzagen und die Königreiche fallen,
das Erdreich muß vergehen, wenn er sich hören läßt.
Der Herr Zebaoth ist mit uns,
der Gott Jakobs ist unser Schutz.
Kommt her und schauet die Werke des Herrn,
der auf Erden solch ein Zerstören anrichtet,
der den Kriegen steuert in aller Welt,
der Bogen zerbricht, Spieße zerschlägt
und Wagen mit Feuer verbrennt.
Seid stille und erkennet, daß ich Gott bin!
Ich will der Höchste sein unter den Heiden,
der Höchste auf Erden.
Der Herr Zebaoth ist mit uns,
der Gott Jakobs ist unser Schutz.

PSALM 46

Gott ist unsere Hoffnung und Kraft.
Auch in unsern Ängsten sind wir gehalten.

Zeichen für deine Wohnung auf Erden, Herr,
ist seit alters das Zelt:
Nicht ein Tempel mit geheiligter Tradition,
nicht die hochaufragenden Türme der Dome.
Das Zelt als Zeichen der Beweglichkeit und Armut,
der Ohnmacht und der Menschlichkeit.
Aber in dieser Ohnmacht bist du stark,
deshalb erfährt der Glaube dich als feste Burg,
als Hort der Zuflucht, der uneinnehmbar ist.
Mögen Ordnungen zerbrechen, die uns heilig schienen,
mögen Grenzen sich ändern und Formen sich wandeln,
solange Gottes Zelt mit uns zieht,
brauchen wir uns nicht zu fürchten,
solange er uns sein Wort gibt, haben wir sicheren Halt.

Gott ist unsere Hoffnung und Kraft.
Auch in unsern Ängsten sind wir gehalten.

GEBET

*Gott ist unsre Zuversicht und Stärke, darum fürchten wir
uns nicht. »Ein' feste Burg ist unser Gott, ein' gute Wehr
und Waffen, er hilft uns frei aus aller Not«, so sagte es
Martin Luther. Herr, ich habe Angst, diese Worte nachzu-
sprechen. Und ich habe Angst, daß viele diese Angst mit
mir teilen. Laß mich erkennen, daß du mich nicht zum
Glauben an Menschen, sondern an dich rufst. Und hilf uns
allen sehen, daß Glaube nicht der Optimismus ist, den wir
vorzuweisen haben, sondern die Hoffnung, daß alles nur
von dir kommen kann. Schenke uns diesen Glauben durch
deinen Sohn, unsern Herrn Jesus Christus.*

Missionsfest:
So leben, daß man uns fragt

Lobet den Herrn, alle Heiden!
Preiset ihn, alle Völker!
Denn seine Gnade und Wahrheit
waltet über uns in Ewigkeit. Halleluja!

PSALM 117

PSALM

Lobet den Herrn mit allem, was ihr aufbieten könnt,
mit eurem Glauben wie mit euren Zweifeln,
mit eurem Wissen wie mit eurer Unkenntnis,
mit eurer Freiheit wie mit eurem Gehorsam.
Geht zu ihm, wie ihr seid!
Laßt euch nicht einreden,
ihr müßtet euch vorher verkleiden
mit rechtgläubigen Begriffen
und wohltrainierter Frömmigkeit.
Preiset ihn, alle Völker!
Denkt in größeren Maßstäben, ihr Frommen,
und laßt die kleinlichen Grenzziehungen.
Braucht eure Kraft für die Liebe
und verschleißt sie nicht in Rechthaberei.
Gott ist farbenblind, wenn es um den Menschen geht,
politische Couleur interessiert ihn nicht,
und die Farbe eurer Haut ist für ihn kein Maßstab.
Seine Gnade waltet über uns in Ewigkeit.
Halleluja.

Gott, heiliger Vater, es genügt dir nicht, wenn das kleine Häuflein der Überzeugten dich bekennt. Wie einen Vater der Schmerz um das eine Kind, das schon immer schwierig war, mehr beschäftigt als die Anwesenheit der allzeit Braven, so fragst du auch uns nach denen, die nicht hier sind. Ist es wirklich meine Nähe, die sie fliehen, fragst du, oder vielleicht nur eure Gesellschaft? Hilf uns, wahr und glaubwürdig zu sein in unserm Bekenntnis. Bewahre uns davor, an den Türen zu deinem Reich eigenmächtige Kontrollen aufzustellen. Und laß uns weniger um unser Ansehen besorgt sein als um die Not der Menschen – wie du es uns gezeigt hast in deinem Sohn Jesus Christus, der mit dir lebt und regiert in Ewigkeit.